《プロのノウハウ》

写真マンガでわかる

工務店のクレーム対応術

玉水新吾・青山秀雄 著
阪野真樹子 マンガ

学芸出版社

目次

はじめに …………………………………………………………6

第1章 「建築主の気持ち」を軽視する工務店に未来はない

1-1　CIS（顧客感動満足）とは ………………………………10
1-2　「満足」と「不満」の分岐点 ………………………………17
1-3　企業対応がクレーマーをつくる ……………………………25
1-4　クレームの予防と対応の目安 ………………………………33
1-5　CISを高めるためのステップ ………………………………58
コラム1　魅力的品質 ……………………………………………66

第2章 契約解除・不払いに関するクレーム

2-1　勝手に親と話を進めるな ……………………………………68
2-2　打ち合わせ態度が悪い ………………………………………71
2-3　追加工事の見積もりがいい加減 ……………………………74
2-4　工事の途中で「契約を解除してくれ」………………………76
2-5　無償で補修工事をしろ ………………………………………78
コラム2　工期遅延に関する業界のガイドライン ……………82

第3章 契約から着工までのクレーム

3-1　契約後に連絡が途絶えた ……………………………………84

3-2	設計変更するたびに追加費用をとられるのがイヤ	87
3-3	契約前の説明と図面が違う	91
3-4	いつまで待っても着工しない	94

第4章 工事中の近隣からのクレーム

4-1	挨拶がない	98
4-2	車が邪魔	101
4-3	臭い・ゴミを何とかしろ	104
4-4	日照権の侵害だ	107
4-5	工事がうるさい	109
4-6	建物の配置を変更しろ	112
4-7	片付け・養生をしっかりしろ	114
4-8	職方のマナーが悪い	117
4-9	窓が隣接していて困る	123
4-10	境界から建物が近すぎる	126
4-11	境界付近の機器が迷惑	129
4-12	通行していたら道路に資材が出ていてケガをした	131

コラム 3 サンクコスト … 134

第5章 建物に関するクレーム

5-1	ボルトがずれているのでは？	136
5-2	構造材料が雨に濡れた	138
5-3	構造材に傷があるのでは？	141
5-4	梁や柱に足跡がついている	144
5-5	柱・梁のボルトがゆるいのでは？	146
5-6	構造材にヘンな穴が開いている	150

5-7	室内の養生が悪いのでは？	153
5-8	釘・ビスの間隔が粗いのでは？	157
5-9	変更が伝わっていないのでは？	161

コラム4 悪魔の証明 ……………………………………………………164

第6章 入居後の瑕疵に関するクレーム

6-1	建物が傾いているのでは？	166
6-2	基礎の厚さが足りないのでは？	171
6-3	基礎に割れがあるのでは？	174
6-4	新築なのになぜ不具合があるのか？	178
6-5	白蟻が出た	180
6-6	シックハウス症候群になった	183
6-7	建物が揺れるように感じる	188
6-8	排水接続の外れ・湧水がある	190
6-9	クロスにひび割れがある	193
6-10	外壁シーリングが割れている	196
6-11	給水給湯管が保温されていない	199
6-12	木材が反ってきた	201
6-13	床下の結露がひどい	204
6-14	雨が漏れた	209

おわりに …………………………………………………………………216

はじめに

　日本国内では、世界でも類をみないスピードで少子高齢化が進んでいます。その結果として、住宅を新築しようとする需要が減少しています。2014年には、既に空き家戸数は、全住宅の13.5％にあたる820万戸と、過去最多を更新しています。建物の質は別として、量は充分に余っているのです。住宅を建てようとする人が、過去のように大きく増えることはありません。

　工務店の立場からすると、今後は一人ひとりの建築主の重要性がより高まることになります。建築主に満足を与え、クレームによる損害を防ぐとともに、良好な関係を継続することが重要となります。場合によっては、紹介受注の可能性もあります。過去に縁あって建築した建物のメンテナンスを責任をもって継続していくことは、建築主に対する工務店としての責務です。

　住宅現場では、建築主の知識不足や工務店側の説明不足、建築主の気持ちへの配慮不足、建築主の要求内容の確認不足などによるクレームが発生しています。

　品質管理の行き届いた工場製品と異なり、住宅建設に使う材料は、農林産物である木材や、湿式材料であるコンクリート・モルタルといった、乾燥収縮を伴う特性をもつものです。職方による現場施工となると、人によるバラツキもあります。つまり建築現場では、若干の不具合は必ず存在するものと言えます。材料にも誤差があり、施工にも誤差があります。大半の不具合は補修することが可能ですが、事前の説明によって建築主に理解してもらうべきところもあるかと思います。

屋外単品受注生産である住宅産業は、昔から"クレーム産業"と呼ばれてきました。建物に実際に住んでみて初めてわかることも多いので、クレームは起きるのが普通です。

　工務店の工事管理者や各職方が同じレベルの建物品質、同じレベルの建築主対応をしても、建築主が大変満足する場合もあれば、逆に大変不満に思う場合もあります。この点が難しいところです。

　一言で言えば、コミュニケーション不足です。コミュニケーションがあれば、問題点の早期発見につながり、対応方法もあります。人と人の問題ですから、バラツキがあり、まったく同じ場合はありません。

　多くの建築現場を掛け持ちする工務店側の工事管理者にとっては、その現場はあくまでも多数の現場の内の一つであり、自分の家がすべてである建築主とは温度差があります。この温度差が、クレームに大きく影響します。住宅は、メンテナンスを繰り返すことにより、半永久的にもたせることが可能です。メンテナンスを継続するためには、建築主と工務店は良好な関係を継続する必要があります。主導するのはプロである工務店でなければなりませんが、建築主側にも努力が必要です。建築主が工務店を気に入らないという理由で、簡単に交代させるべきものではありません。

　クレームは、調停や裁判といった争いになる前に解決したいものです。建築主からのクレームを減らす対応、次に、起こってしまったクレームを解決するための対応を考えます。建築主への対応はどうあるべきか、事例を含めて解説していきます。現場はすべて異なり、人もすべて異なるため、個別事例をそのまま適用することはできませんが、解決のヒントになると思います。

主な登場人物を紹介します。

第1章

「建築主の気持ち」を
軽視する工務店に
未来はない

I-1 CIS（顧客感動満足）とは

🍄 CIS のポイントは「微差力」

　ビジネスにおいて、CS（Customer Satisfaction：顧客満足）は、よく聞く言葉です。

　「CIS」とは、CSのCとSとの間に、Impressive（感動的な）のIが入った造語です。

　住宅業界で、建築主に満足していただくことが当たり前になった今では、「感動」を与えることができなければ、リピーターや紹介受注にはつながりません。

　建築主に感動を与えられるかどうかは、

「100％で当然」
「99％で不満」
「101％で感動」

と言われるように、たった1％程度のわずかな差でしかありません。1％アップの努力で、結果は大きく変わります。この1％に思いを込めて、建築主に小さくても何か一つの感動を与えましょう。あと1％の努力で、建築主は必ず感動します。「99％では不満」の場合、建物を建てる以上、工務店としては99％は努力したはずですが、それが無駄になってしまいます。わずか1％の差を"**微差力**"と呼ぶ人もいます。この差をつけることは、日本人の得意とするところです。

　顧客満足という言葉は日常的に使われており、多くの会社で「顧客第一主義・CS推進」などを、会社の方針としています。顧客満足は不要であるという会社は存在しません。会社である以上、業績という目標があり、利益を上げる義務があります。会社の利益は、建

築主が提供するものですから、建物自体のハード面や、建築の過程におけるソフト面で、建築主自身が感じる満足を得ることが必要となります。満足を感じるのは、あくまでも建築主自身であり、工務店側の自己満足ではありません。

> ふーん、感動か！

> とりあえず、感動より満足ですよね。

　事業活動の本来の目標は、建築主の満足と、期待された通りの品質を確保すること。その前提条件が、コンプライアンス（法令遵守）です。その前提のもとに、企業活動を通じて利益を上げることにより、会社・社員（家族を含む）・関連業者・株主などの満足につながり、そして利益を通じて社会に貢献することができます。

　建築主に対し、様々なサービスを行うことで、その利益を還元することができます。したがって、企業が拡大し利益を上げ続けることで、その結果として建築主に対しても貢献していることになります。

工務店の継続的な発展＝建築主への最大サービス

しかし、建築主の見方は違います。自分の家を建設した会社が大きな利益を上げると、「建物の価格が高いのではないか」「それほど利益があるのなら、もっと建物価格を下げてほしい」と思います。

利益を上げた会社が「その分サービスを充実させています」と言えば、「それは当たり前の業務である」と言います。見方が異なるのは、住宅を建てようとする最初の考え方が違うからです。

🍷 満足な商品・サービスは「建築主の期待以上」の場合に発生する

建築主は、要求する期待通りの建物の品質、および対応を求めています。そして一世一代の大事業である住宅建設に際し、充分なサービスを受けることが当然であると思っています。工務店が建築主に建物・サービスを提供するだけでは、建築主の満足にはならない場合があります。基準が建築主により異なるからです。

満足は、その建築主自身が期待する以上の、商品価値・サービスであった場合に発生します。期待の程度は建築主により異なりますから、建築主が過剰な期待をしている場合も現実に多くあります。現実にどのような建物が完成するのかを、工務店側として、建築主に充分に時間をかけて説明をした上、建築主の納得を得なければなりません。

住宅の営業を担当する者は、早く契約したいため、結果的に手を抜いて、説明が不充分なまま、契約に至る場合もあります。現場を担当する者は、言いにくいことを説明することなく、工事を進行さ

せる場合があります。言いにくいことの代表は、追加工事金額など"おカネ"についてです。説明が充分か不充分かは、建築主により変わります。これだけ説明すると完璧という基準はありません。

期待以上の満足を得られた結果、建築主はリピーターとなり、他の建築主の紹介者となるのです。優秀な工務店ほど、紹介受注の割合が高くなります。紹介受注がなく、常に新規顧客ばかり追求せざるを得ないとすると、会社としてやがて行き詰まります。担当者のモチベーションも低下していきます。

建築主または工務店のいずれか一方だけが利益を得ることは、本当のCISではありません。双方が喜ぶ結果になることが、本当のCIS活動となります。

🍄 継続的に CIS を得ない限り企業の存続はない

　戦後のように物の無い時代は、商品を得ることが顧客の満足であり、購入した商品が期待通りでなくても、それは顧客の責任（買手責任）であって、企業は顧客に商品を提供さえできれば業績は伸ばせたものです。昨今のように技術が進歩し、情報が氾濫している時代に、画期的な商品を開発することは、当然企業として重要なことです。そして次々と開発を継続することも非常に重要です。したがって、開発した商品が他社では追随できないような場合は、顧客の満足には関係なく業績を伸ばすことができます。しかし、他社が追随できないような、画期的で魅力的な商品を開発し続けることは、住宅では特に難しいものです。

　発売した時点では画期的住宅で、その住宅で業績が一時的に伸びることはあっても、必ず時間とともに劣化し、陳腐化していきます。決して継続するものではないのです。建築主の満足なしで、開発した建物という物だけで業績を拡大した場合、建物の陳腐化に伴って業績が伸びなくなったときの業績回復には、建築主の満足を得た場合の何十倍・何百倍もの努力が必要となります。

　会社が今どのような状況にあるかによって、会社の目的は変わります。しかし、長期的に企業を繁栄させながら存続させることは、建築主の感動満足＝ CIS を向上させない限り、達成できないことは事実です。

商品による業績拡大＝一時的　CIS による業績拡大＝継続

🍃 住宅では「当たり前品質の維持」=「メンテナンス」が重要

　品質管理の分野では、「魅力的品質」と「当たり前品質」という言葉が使われており、下記のような定義がなされています（下図）。

> ・魅力的品質：「それが充足されれば満足を与えるが、不充足であっても仕方がないと受けとられる品質要素」
> ・当たり前品質「それが充足されれば当たり前と受け止められるが、不充足であれば不満を引き起こす品質要素」

　品質管理に関する書籍では、建築主に魅力ある品質を提供することで、満足を得ることができ、当たり前の品質を充足させたとしても、当然のことであり、満足にはつながらないと説明されています。魅力的商品の開発が、企業にとって、新たな需要を喚起させるために大変重要な活動だということです。例えば、「新しい家に住んで

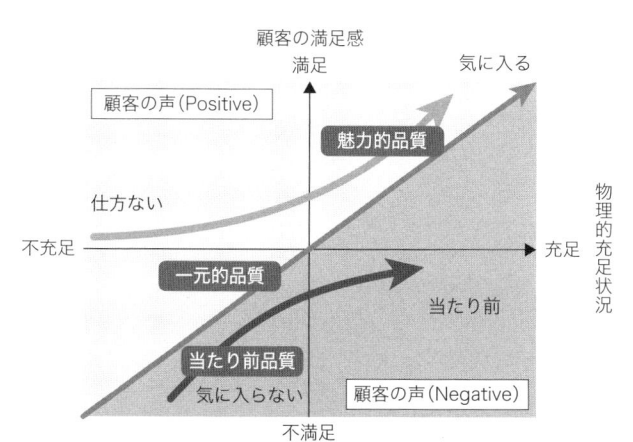

魅力的品質と当たり前品質の相関図（狩野紀昭モデル）（狩野紀昭、瀬楽信彦、高橋文夫、辻新一「魅力的品質と当たり前品質」『品質』14、No.2、pp.39～48、1984年）

みたら、想像以上の便利さ、性能の良さに気付いた」「工務店の対応が思ったよりも早かった」などといったことも、魅力的品質の例です。

しかし、住宅の場合は、何十年という耐久性が必要です。住宅購入時には、その魅力にひかれて購入したとしても、その**魅力的品質は経年とともに、当たり前品質に変わり、そして陳腐化していきます**。建築主側の家族構成の変化もあり、感覚も変わっていきます。昔の魅力は、今後も魅力であるとは限りません。一時的な魅力的品質だけでは、住宅の満足を継続することは難しいものです。**当たり前品質を充足させ、それを継続して維持できることが、最も重要な**活動であり、定期的にメンテナンスを継続しながら、建築主と工務店が良好な関係を地道に継続する必要があります。**工務店は、建築主のホームドクター的存在であることが使命**と言えます。

I-2 「満足」と「不満」の分岐点

🍄 満足した建築主の行動

建築主にとって、住宅は長年の夢の実現であるだけに、多くの建築主は満足します。その満足した建築主の行動を知ることが、今後の企業活動にとって重要な意味をもっています。

①満足した建築主の行動は消極的である
②満足を共有できる状況がある場合に、満足の状態を伝える
③満足は小さく表現される
④満足が与える影響の範囲は限定される
⑤満足の伝播速度は亀の歩み

営業活動では、入居者紹介による受注が最も効率的であると言います。しかし、建築主が紹介しようと思っても、紹介して「もし問題が生じたら」と紹介者責任を考えると、住宅といった高額なものになると、積極的に紹介しようとは思わないことも理解できます。

自分の家がうまくいったからといって、次もうまくいくとは限りません。紹介した結果、人間関係が壊れる可能性もあります。建築主が、他の家を建てる人を紹介すると、紹介料などのメリットがある場合が多いです。しかし万一うまくいかなかったら、大変なことになります。紹介料よりもむしろリスクが大きいと感じます。

紹介は、求められて始めて、紹介情報として出てくるものです。紹介を求められなかったら出てこないことが通常です。したがって、満足した建築主との接点を絶えず設けておくことがいかに重要であ

るかがわかります。接点は継続しなければ意味がありません。

不満の建築主の行動

建築主が不満を抱くと次のような行動が始まります。

①不満の建築主の行動は積極的である
②不満な建築主は、状況のいかんにかかわらず、不満の内容を第三者に伝えようとする
③不満は拡大されて表現される
④不満が与える影響の範囲は、制限がない
⑤不満の伝播速度は光の速さ
⑥不満をもった建築主の意識は、経年とともに減少しない

不満の建築主は、まず身内親族から会社の交友関係に伝わり、そして何か機会あるごとに伝えようとします。特に知人が、家を建てるという話がでると、自分が失敗であったと感じる経験を話したくなります。

不満の影響度調査によると、不満の建築主は約10人に伝えると言われます。業種によりますが、百貨店では20人、小売店などでは40人という調査もあります。

満足した建築主をつくることは重要ですが、不満の建築主を無くすことは、より重要であり、早い対応が必要です。

伝播数が多いと予想される業種（百貨店など）は、サービス産業であり、もっと高い満足度を得ることが必要となります。いかなる業種であっても、**サービス的要素の比重は、時代の変化とともに高まっています**。世の中のサービスのレベルは上がっていきます。昔のままのレベルを維持すると、取り残されることになります。

工務店側として、一度クレーム客の過剰要求を飲むと、次に発生した問題にも、更なる要求を当然のようにする建築主もいます。いわゆる"モンスター"です。場合によっては、他の建築主をけしかける可能性もあります。会社として、断るべきものは断る、毅然とした対応も必要となります。

🍀 企業維持に必要な「満足率」

顧客の満足について考える場合、「満足した建築主」と「不満をもつ建築主」との比率が問題になります。不満をもつ建築主が多ければ、その会社は一時的に生き残ることができても、不満はすぐに広がっていきます。満足した建築主が不満をもつ建築主を上回らなけ

れば、結局会社は存続できません。狭い地域での商品販売活動などは、不満顧客が多くなれば、すぐ結果が出て、淘汰されていきます。

建物を建築した建築主だけで比較すれば、建築主はその建物が気に入ったから契約したのであり、満足した建築主の方が多いことは当然です。問題は、不満の建築主の行動にあります。**不満をもつ人は、1人あたり平均10人に、その不満を伝えるという住宅業界の経験則があります。この点の重要性を認識するべきです。**

1人の不満足建築主は、10人に不満を伝える

不満の広がりは、様々な商品・職種によって異なるのですが、住宅について、条件を設定して、数字で検討します。

設定条件：①苦情を言う人は40％、②言わない人は60％、
③不満は90％改善できる、④不満の継続者は10％、
⑤不満は10人に伝播する

以上の条件で　満足客＞不満客となるのは、「購入者で満足と評価する建築主が85人」＝「**満足度85％**」が分岐点になります。

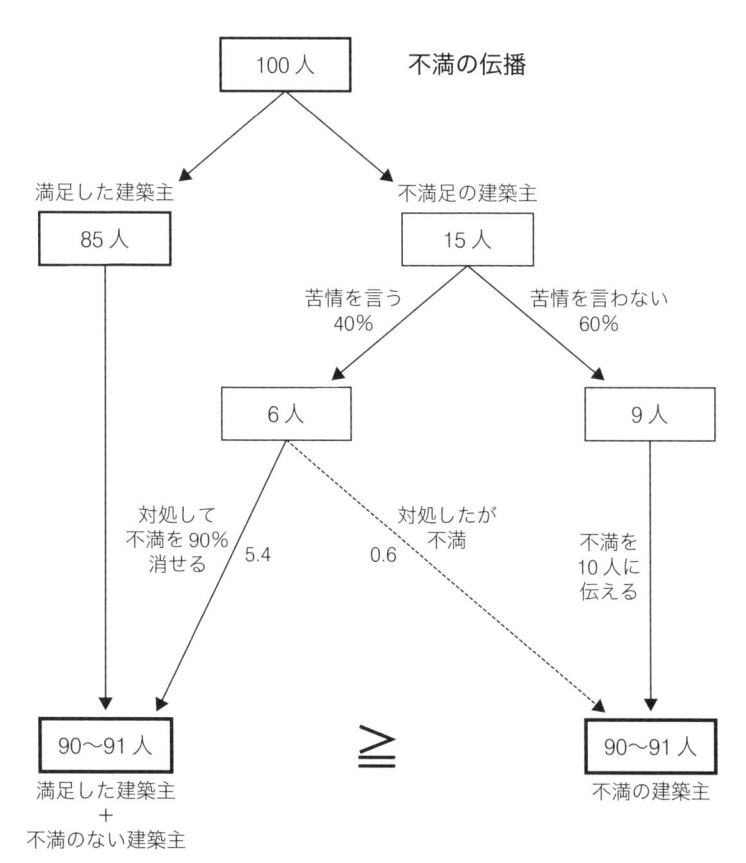

```
                    100人          不満の伝播
                   ┌──┴──┐
        満足した建築主      不満足の建築主
          ┌───┐              ┌───┐
          │85人│              │15人│
          └─┬─┘              └─┬─┘
            │          苦情を言う│ 苦情を言わない
            │            40％   │   60％
            │              ┌───┐   ┌───┐
            │              │6人│   │9人│
            │              └─┬─┘   └─┬─┘
            │     対処して    │ 対処したが │
            │     不満を90％  │  不満    │ 不満を
            │     消せる 5.4  │    0.6   │ 10人に
            │                 │          │ 伝える
            ▼     ▼           ▼          ▼
        ┌─────────┐              ┌─────────┐
        │90～91人 │    ≧        │90～91人 │
        └─────────┘              └─────────┘
        満足した建築主               不満の建築主
            ＋
        不満のない建築主
```

工務店の不満の伝播（満足度85％）（作成：青山秀雄）

商品・業種によって異なりますので、この85％という数字が必ず当てはまるとは思いませんが、いずれの職種にせよ、必ず分岐点はあります。会社として経営を推進する上では、会社自身の分岐点がどこにあるかを調査分析し、会社の目標値として定めて、企業活動をする必要があります。

🍷 満足度は変化する
　建築主が感じる満足度は、当初「不満」だった場合でも、会社の対応によって、「満足」に変わります。当然に逆の場合もあり、「満足」だった場合でも、その後の対応により、「不満」に変わっていきます。

　住宅の顧客満足度調査で、満足・不満足の一般的な分岐点は、満足度85％となります。一見なかなか厳しい数字であり、かなり高い満足を得る必要があると感じられますが、通常の工務店はこれ以上の数値を確保しています。

　満足度が85％未満になると、不満の声が満足を上回るのですから、必ず業績の低下につながり、やがては淘汰される運命にあると言えます。住宅業界におけるこの85％という数値は、住宅の顧客満足度の基本数値になりますから、記憶しておいてください。

🍷 すべての建築主の不満を解決することができるか
　不満を抱いた建築主の90％については、その不満を無くすことができます。しかし、残り10％程度の建築主については、いくら努力しても不満を消すことはできません。やはり、その前の段階で不満を出さないことが最善です。

顧客満足関係の本には、

$$100 - 1 = 0$$

といった言葉が出ています。

例えば、工事がうまくいって、満足感が100％と高かったとしても、その後雨漏りが発生すると、それだけで満足度は急に低下して、「すべてが悪い」という評価になってしまいます。全体を100点として、欠点が1点あるだけで、本来の99点ではなく、0点と建築主は感じてしまうのです。99点分の努力は確実にしたはずですが、無駄になってしまうのです。ここが技術屋にとって厳しいところですが、現実です。

頭で、なるほどと理解し、1→0にすべきであると思いました。しかし、人はミスをするもの、仕事をすればミスは必ず発生するものと考えれば、ミスをゼロにすることは難しいことになります。それなら、発生してしまったミス1を丁寧な対応によって0にすることが現実的であると思います。

　そして、すべての建築主の満足を100％にするという現実離れした目標よりも、現実的な90％以上（より高い数値ほど良い）の建築主を満足させ、その建築主と親密化を図る方が、企業にとって重要であると思います。100％の建築主がすべて満足することはありません。そして目標を高く、スパイラルアップしていけば良いと思います。技術屋にとって、建築主からのよい評価は、何事にも代えがたい最高の喜びであり、今後の糧となるものです。

I-3 企業対応がクレーマーをつくる

🍄 逃げるほど追いかけてくるクレーム

　どの職種であろうと、クレーム対応は、誰でも嫌なものです。嫌々仕事をする人に限って、建築主を「うるさい」「細かい」「無理を言う」「難しい」「わがまま」などと、他責的に決めつけてしまいます。

　このように建築主を見てしまうと、「早く終わらせたい」「話したくない」「会いたくない」「顔も見たくない」「自分は正しい」といった態度に表れます。そして、周辺の同僚や社員に対しても、自分の先入観で建築主を表現します。的を射ている場合もありますが、大半は誤った判断であるのが実態です。

　その結果、担当者個人の先入観が、会社としての建築主の見方へと広がってしまいます。次にその建築主が電話をかけてきたとき、その電話を取った社員は、担当者の先入観を受け継いで対応してしまいます。担当者個人が悪い先入観をもってしまうことは、人間ですから当然あります。問題はその先入観によって会社全体として建築主を評価してしまうことであり、このような誤った先入観があると、建築主は嫌々仕事をしていることをすぐに見抜きます。

　このようなクレーム対応の結果は、必ずと言っていいほど、対応を終えて建築主が評価してくれるような良いものにはなりません。そしてクレームが再発し、クレームの内容も次第にエスカレートしていきます。また、建築主と工務店との関係が良好とは言えなくなり、やがて疎遠になっていきます。このような事例が余りにも多くあり、その究極が訴訟です。訴訟前の段階で悩む場合も多いです。

本来なら、その建物が存在する限り、工務店は永くその建物のメンテナンスを継続していくべきものです。数十年にわたって使う住宅には、素人である建築主が、気軽に相談できる"ホームドクター"が必要なのです。

　良好な関係がほとんどであれば、これだけ多くのリフォーム会社が存在できるはずがありません。関係が切れるということは、建築主・工務店の双方にとって不幸なことです。

　プロである工務店が、適正にリーダーシップを発揮して、建築主を主導するべきで、そのための手間を惜しんではいけません。主導するのは、建築主ではなく、工務店ですから、工務店の対応が重要になります。偶然の縁で、建築したわけですから、縁を大切にしたいものです。

🌱 建築主の気持ち

①建築主は不安でいっぱい

　建築主が「住宅ローンを35年間返済し続けることができるか」「騙されていないか」「手抜き工事をしていないか」など、大きな不安を抱くのは当然のことです。

②解らないことばかりだから、親切・丁寧に対応してほしい

　不動産・建築の知識は、工務店にとっては当たり前の内容でも、建築主にとっては解らないことばかりです。一世一代の買い物をするのですから、親切・丁寧な対応を期待しています。

③早く対応してほしい

　接点が途絶える期間が長ければ長いほど、不安が増加します。遅いと不安になり、不満につながります。

④公平にしてほしい、自分のために最善を尽くしてほしい

　他人のものは良く見えるものです。会社が約束したことは、約束通り対応してほしいと思っています。何か問題があると「なぜ、私の家だけ問題が起きるのか」といったように考えます。

　住宅を建設することは、建築主にとって一世一代の大事業です。家族のためにも失敗は許されないのです。建築主が家を手に入れようとする目的は、**"家族の幸せを得る"** ためです。このような建築主の気持ちを理解できたら、自分の行動はどうあるべきかが、見えてきます。

　建築主の気持ちを理解し、行動することは誰のためか？

　住宅を建設する立場である工務店側として、自分のために、建築主の満足が必要ということを理解することです。

> ①建築主のために行動することを、建築主は評価する
> ②自分がしてほしいことを、建築主に行う
> ③自分の行動の結果が自分に返ってくる=自分・家族の満足

　満足を得るための仕事とは、"自らのために行う活動"です。このように考えれば、活動にも力が入るものです。会社がやれと言うから、上司が言うからやるでは、心がこもる活動にはなりにくいものです。技術屋としても面白くありません。

　住宅を建てようと計画する建築主の関心事は、「手抜き工事をされていないか」です。建築の専門ではない建築主が手抜きと感じるのは、明らかな欠陥や不具合が現象として現れてからです。この気持ちを理解すれば、手抜き工事などしていないということを、建築主に理解させるには、どうすればいいかが、自然と見えてくるものです。

　建築主に対し、説明する、報告する、連絡を細やかに行う、早くするといった対応を続けると、建築主は仮に問題が起きても、理解してくれます。理解することが、不安を消していくのです。**建築主に伝わらないことは、対応が無いのと同じことになります。**理解されないことは、自らの行動が、結果的に建築主対応になっていないことの証です。

🍷 クレーム建築主を満足させることはできる

　工務店はクレームを解決するために、膨大なエネルギーを使います。クレームへの対応を通じて感じることですが、対応の過程にお

クレームを付けた後の、企業対応による建築主の行動の変化

- 言えば対応する（言わないとやらない）
  - ➡ 次から次と要求が出てくる
    - ➡ 補修工事の長期化

- 責任を認めない、お詫びをしない、約束を守れない
  - ➡ 担当者・窓口の変更
    - ➡ 問題の複雑化

- 要求に対する結論が出ない、期待以下の回答
  - ➡ 「上司（支店長・社長）を出せ」との要求
    - ➡ 過大要求へ

- 遅い対応、言い訳の多い対応
  - ➡ さらなる怒りへと発展
    - ➡ 問題は長期化

- 期待以下の仕事結果
  - ➡ 迷惑料・損害賠償・サービスの要求
    - ➡ 紛争へ

- 曖昧な回答
  - ➡ 書面・文書での回答要求
    - ➡ 問題が違う方向へ

クレームの拡大

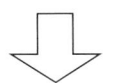

⬇

「社長を出せ」、訴訟・調停、第三者介入

いて、結果的にクレーム客と良好な関係になる場合があります。
　①不満は建築主の一時的な感情の表現である
　②不満は対応の仕方により必ず解決する
　③不満を解決したからといって、必ずしも満足に変わるものではない
　④建築主の不満は、「90％満足」に変えることはできる
　⑤建築主が不満を申し出るのは、会社を信頼している証
　⑥クレームを言う建築主ほど信頼できる（悪意ある場合やクレーマーは別）

> 客をフォローすることがミソだぞ！

> そうですね！がんばります。

　クレームを解決しただけでは、不満が満足に変わるものではありません。対応して当然のことだと建築主は思います。解決した後の"フォロー"を継続することにより、初めて満足に変わるものです。

よくある例ですが、クレームが解決したら、2度と訪問しないといった姿勢をとる場合があります。クレームをつける建築主をどうしても好めないのです。人間ですから、このように感じてしまうことは当然あります。技術者として無理にでも我慢するべきものです。

　工事を担当する立場として、クレームの解決は仕事ですから、やむを得ずやりますが、一応の手が離れると、仕事の忙しさを理由にして、完全に手を切って、再訪問しません。これでは、将来へつながりませんから不可です。

🍄 建築主の立場で考える

　クレームを受け付けたら、受付者は完了に至るまで、途中の経緯を含めて、社員および建築主双方から必ず確認することが大切です。社内の報告にはどうしても、言い訳や理屈が付き、建築主の要求は過大に表現されます。したがって、双方の声を白紙の状態で聞き、建築主にとって何が最善かを判断した後に、会社としてできる範囲を考え、クレームにどう対応すれば良いのか方向性を定めます。

　決して、**会社側にとって何が最善かを考えるのではなく、建築主の立場に立って考えます**。会社側の立場で考えて対応する限り、決して解決には至りません。建築主側にとって、何が最善かを考えて対応することです。結構難しいものです。ただし、誤解してはいけません。建築主から言われた通りすることではないのです。ここが重要な点です。相手の立場に立って考えることは、現実には難しいことです。建築主が主張することについて、詫びるものは詫び、認めるものは認め、是々非々の姿勢ではっきりと主張し、対応します。対応は簡単ではありませんから、時間がかかる場合が多いのは当然

です。建築主に期待を抱かせ、結論の段階になって「できない」と回答するような対応は、最悪のやり方です。

　建築主の問題・不安を解消し、**継続して接点を設ければ**、建築主**との親密化**が図れます。親密化することは企業にとって重要です。技術者として、建築主と親密化することは重要ですが、特にクレーム客と親密化ができた場合には、技術者としての自信になります。かなりのエネルギーを使うのですが、将来に生きる貴重な経験になります。

I-4 クレームの予防と対応の目安

🍄 クレーム対応は心を込めたお詫びから

建築主から不満の申し出を受けた場合、まずお詫びからスタートするのが基本です。

お詫びしてしまったら、建築主の要求を受け入れることになると考えがちですが、建物を建てていただいた建築主が、不具合などで不満を抱いたのですから、まずお詫びすべきです。建築主が間違っていたなら、後で笑い話で済ますぐらいで充分です。お詫びと対応内容（結果）とは一致しない方が多いのです。

本当に建築主に迷惑をかけたら、一般の商品の場合にはその商品を取り替える必要も出てきますが、建物（不動産）の不具合の場合の基本は、補修することです。補修することで終わります。

しかし、お詫びすることがスタートだとしても、お詫びの言葉にも注意は必要です。ご迷惑をおかけしたからといって、過剰にお詫びすることにも問題はあります。

次のような言葉は避けるべきです。

　　× 必ず満足していただけるようにします。
　　× ご期待にお応えするようにいたします。
　　× 会社としてできる限りのことはいたします。

言葉でお詫びしようとするから、上記のようなお詫びの言葉となります。工務店が、このような言葉を使うと、建築主は過大な期待を抱きます。そして対応が違うと言って、別の方向へと問題を大きくします。大事なポイントは、心からお詫びする気持ちです。

🍄 建物の不具合は直すことが基本

　建築主が被った損害については、会社として償う必要があります。購入した商品の故障・使用不能など、不具合によって建築主は迷惑を被ったのですから、建築主の被った損害に対して、償いをする必要があります。償いとは、多くの人はお金であると考えますが、「償い＝お金」ではありません。企業が行う営業活動や商品を通じて生じたミスまたは不具合によって、建築主が迷惑を受けたからといって、金銭で償うことではありません。償いとは、建築主が被った迷惑に対し、商品を改善するだけに留まらず、相当の期間を継続して、建築主および商品をフォローするなどの行動によって、建築主にお詫びの姿勢を行動で示すことです。会社も建築主と同じ痛みを味わうことによって、建築主の気持ちが理解できるのです。

🍀 クレーム解決までの流れ

　建築主・工務店の双方には「発生したクレームを解決する」という共通の目的があります。下記の目的を達成することが、両者にとっての利益になります。

> ①早期解決
> ②2次クレーム（クレームの拡大）防止
> ③同様事例の再発防止

　メンテナンスの業務では、不具合への対応マニュアルがあります。建築主対応話法のマニュアルもあります。ところが、感情クレーム対応の場合には、対応方針・処置方法・対応範囲といった会社側の考え方はあっても、個々のケースごとのマニュアルはありません。

　対応の基本は、お詫びから始まります。お詫びをすれば、責任を認めたことになり負けになるわけではありません。そして社会人としてのマナー、および業務の知識をもって、建築主の言葉を素直に聞けば、いかなる場合にも適用できます。

　建築主は不満を言うのですから、声を張り上げる場合もあります。また厳しい言葉も出ます。普通は暴力を振るうようなことはありません（もし、暴力行為が少しでもあれば、以降の対応は全く違ったものになります）から、しっかりと建築主の言葉を聞き、建築主の話が概ね出尽した頃に、はじめて、会社側の主張を述べます。それまでは、しゃべりだしたくても我慢して、口をはさまないようにします。クレーム対応でついしゃべりだしてしまうことが多いものです。相手の言うことを熱心に聞くことは、ビジネスにおいては常に

正義になります。

🎈 **クレームには次の通り対応します。**

```
①詫びる    ：心を込める
②話を伺う   ：途中で言い訳しない、メモを取る
③同意する   ：うなずく、相槌をうつ
④確認する   ：問題は何かを具体的に確認する
⑤要求の確認 ：建築主は何を要求しているのかを確認する
⑥回答する   ：上げた拳をどうすれば下ろしていただける
           かを考えて回答する
```

- できない要求ははっきりと断る
  交渉ごとはまず大きな要求からスタートする方が有利であるとの経験則からか、明らかに過大な要求、実現不可能な要求（経済性含む）が多いのです。
- 「できる」「検討を要する」「できない」の三つに分けて客側に回答する
- 回答には必ず期日を決める
- 金銭解決は会社側から提示しない、具体的要求は建築主から出していただく
- 金銭解決は必ず文書（和解書など）で行う
- 脅迫には応じない（無視する）
  社長を出せ、マスコミへ流す、訴訟する、役所に言う、消費者センターに言うなど

建築主が振り上げた拳を、どこかで下ろす対応が必要になるものです。建築主が冷静で、理論派や熟慮タイプであるほど難しいものです。粘り強く繰り返し、会社の主張を行う対応以外にありません。

工事管理者は建築主から、「社長を出せ」「マスコミへ流す」と言われればビビリます。そして建築主の本音は、怒りとなって出た時点で表れ、本音が確認できたら、50％は解決したも同然です。

クレームを解決する痛みは、技術屋の将来に必ず役に立ちます。クレームは千差万別であり、つらいものですが、年配の技術屋が酒を飲むと、昔のクレームを思い出して、苦労して解決したという話をよくします。住宅現場において、クレームは必ず発生するものであり、クレーム対応経験の少ない技術屋は、一人前と言えないものです。

🍄 住宅に発生する問題解決 10 ケ条

　問題の原因が特定され、対策を実施し、対策が有効であったことが確認されて、解決になります。問題解決の責任者として、問題解決の考え方を明確にしておく必要があります。解決できれば、同様のクレームを減らすことも可能になります。

> ▷住宅に発生する問題解決 10 ケ条
> ①問題の現象の解決を最優先する
> ②具体的問題を解決した後に発生する問題は小さい
> ③解決は自ら行うものであって、人に頼るものではない
> ④最後は自分が決断する。誰も助けてくれるものはない
> ⑤責任を恐れない。責任論を言うのは問題を他責にする
> ⑥仕事をするから失敗も出る、失敗を後悔することはない
> ⑦失敗を怖がっては仕事をしなくなる
> ⑧問題の現象を金銭で解決しない
> ⑨金銭での解決は一時的なものであり、本当の解決ではない
> ⑩重要なのは、問題の再発防止であり、再発率を大幅に低減することである

🍄 事前準備の重要性

　家族旅行を計画するとき、「行き先」「時期」「予算」「見学先」などについては、様々な情報を集めて計画するでしょう。遊びだから誰もがするのですが、いざ仕事になると事前準備がおろそかになります。仕事の結果として問題が出る、クレームが発生するのは仕方がない

としても、そのクレームをすぐに消すことができないのは、クレームに対する問題意識と、対応への事前準備の不足が主な原因です。

対応の考え方・基本方針を明確にしておく

発生したクレームを、(商品の欠陥そのものは当然補修した上で)会社としてどう解決したいのか、解決の方向性を明確にする必要があります。

> ①不具合はすべて補修する
> ②不具合の内容によっては、金銭解決も含める
> ③無償対応は一切行わない（この範囲まで無償対応する）
> ④金銭解決は行わない（金銭解決は○○の範囲とする）
> ⑤過剰な要求は断る（弁護士対応とする）

といったように、会社の解決への方向性を決めておけば、どう対応し、何を準備したら良いか（建築主の属性との関係は大きい）がわかります。人により時期により対応が異なると、下の者は判断しにくくなります。

🍄 信頼を得るための対応のポイント

多くの建築主は第一印象であなたを評価します。建築主と接するときは次のような点に注意してください。

①マナー：清潔感

女性は特に不潔な人を嫌います。またタバコの臭いも嫌う建築主

が多いものです。接客30分前には絶対に禁煙しましょう。

> ▷事例1
> 　建築主の自宅を訪問した時、車を降りて挨拶してからお話をしようとしたら、横で同席していた職方を見て、お嬢さんが「タバコ臭いわ」「気分悪いからお母さん話をしといて」、と言ってその場を離れられました。お嬢さんとの打合せが目的だったのに、とうとうお話すらできずに、終わってしまいました。その職方は車の中で喫煙していました。

②受け答え
- 必要事項をはっきりと話す（小さな声は自信のない回答と思われる）。商品関連法律（クーリングオフ、不動産の重要事項説明）、使用方法、メンテナンス内容の説明・提案（アドバイス）など。
- 分からないときは、分からないとはっきり伝える（調べてから回答する）。「あなたはプロでしょう」と言われても、プロでも知らないことは数多くあります。
- 建築主の声を聞く。言い過ぎると却って不信を招きます。聞くことは記録することです。言い訳、理屈は言わず、聞いた後で再確認することが大切です。
- 丁寧・親切に対応し、親しみの中にも礼儀を忘れないこと。

③守る
- 約束・守れない約束はしない。

●時間にゆとりをもって30分前ぐらいには到着し、約束時間ジャストにインターホンを押す。(早すぎてもダメ。遅れるのは論外)

※約束を守ることから信頼が芽生える

　建築主の信頼を得るには、時間を厳守することが、最も早い方法です。それも、約束時間ちょうどにインターホンを押すのです。このことを4～5回繰り返せば、建築主は担当者を（時間だけではなく）約束したことを守る人と思います。一つのことが信頼されると、他の事項も同様に思われるものです。信頼を得るには、簡単なことから徹底して実行する習慣をつければ、すべての仕事に通じていくものです。

▷事例2

　私は建築主と、建築主の家に午後7時に訪問することを約束しました。当日、約束の10分前に訪問しましたら、建築主が迎えてくれて、部屋へ案内してくれました。

　玄関からリビングへ行く途中、キッチンの前で食事の後の洗い物をしている奥様と目が合ったとき、大変嫌そうな顔をされていました。食事の後の、流し台の汚れ物の山を見られたことが原因と思いました。その時に、私は時間を約束する場合でも、その時間がどのような時間帯であるかをもっと考える必要があることと、そして約束した時間より、必ずしも早く行けばいいものでもないことを強く感じました。

④早い対応

建築主が要求する期間よりも早く対応する。

1) 納期

2) 問い合せ・質問への回答

3) メンテナンス対応

4) 不満・不具合の察知

⑤連絡報告

電話連絡は定期的に行う（建築主からの電話連絡に対する回答は、連絡とは言わない）。報告は早くする。

※クレームを受け付けた場合は、すぐに記録を残す。

※報告する場合にもタイミングがある。建築主から求められる前に行いたい。

⑥感謝の表現

- 購入・契約のお礼
- 経過の報告（定期的に。間隔を開けない）
- 入金・精算・引渡しのお礼、入居のお祝い

♣ 第一線の人の建築主対応

建築主の気持ちを理解する対応が必要と言いましたが、態度、言葉使い、電話での話し方について、どう対応すればよいのか確認します。

①態度

姿勢（建築主が話をするときは少し乗り出す）

表情（喜びは笑顔で、お詫びは少し頭を下げて）

アイコンタクト（目線を会わす、お詫びは目線を下げて表現する）
ジェスチャー（会話中はうなずく、記録を取る）
外観（清潔感）
②言葉の使い方（断る場合）

言葉遣いで丁寧過ぎるのも「嫌味」になります。

建築主と同じ考え・意見の場合は、言葉も自然に出てきますが、断る場合は難しいものです。そこで断る場合の答え方を知ってください。

> ▷事例
> ・要求に応じられない場合
>   できません→難しいですが、他に何ができるか考えます
> ・連絡を約束する場合
>   改めて連絡します→〇月〇日〇時に連絡します

③電話

電話は相手の姿が見えないと思っていますが、電話を通して聞こえてくる言葉から姿が見えるのです。

④記録

必ず建築主と話をするときは記録をとることが大切です。記録とは建築主の言葉に間違いなく対応しますという姿勢の現われです。

メモを取らないと建築主は心の中では次のように思っています。

- 本当に自分の言った通り対応してくれるのか？
- しっかり理解したのか？
- 忘れないかな、覚えているかな？

▷言葉の出し方

　お詫びの気持ちがあれば、自然と頭が下がるものです。頭を下げることにより腹が抑えられ自然と声が小さくなります。ふんぞり返ってお詫びをしたら、出てくる声には、お詫びの気持ちなど絶対に入りません。

🍄 原因を調査し、すぐに対応する

　① 住宅に悪い点がある場合は、まず問題点を解決することが必須条件です。今の時代に住宅の品質が悪いといった場合は、CIS以前の問題です。住宅そのものの品質に問題が無いことが前提

> とにかくクレームを撲滅しないとな！
>
> クレームの原因は、説明不足が多いですね。

となる基本条件です。

②建築主の満足が得られないのは、圧倒的に対応の悪さが原因です。CIS が壊れたのは、対応のどこに原因があり、いつ壊れたかを調べて、まず壊れた時点での対応を修正します。そして対応を実施します。ポイントは、対応のスピードです。スピードが修復の基本です。CIS 修復は、商品の問題点を解決して、スピード対応すればできるのです。

信頼するからこそ不満がでる、不満＝信頼の証

🍸 回答期限には余裕をもたせる

クレームを言う建築主は、必ず早く対応・処置し解決することを求めますが、建築主はいつまでに解決したら早いと思ってくれるのでしょうか。

建築主は怒りの気持ちで、いつまでに完了せよと期日を指定します。クレーム対応ですから、担当者は建築主が指定する期日（内心は難しいなと思いながらも）を、その場を一旦収めるために、そのままお受けする場合が多いものです。その場しのぎの回答をした結果、守れなかった場合は、再度お叱りを受けることになり、問題解決を遅らせるとともに、解決に要する労力（金額・時間を含む）が増します。既に信用を失っているわけですが、さらに信用を失うことになります。

ついその場しのぎの回答を行ってしまうことは、多くの技術屋が、実際に経験して、痛い目にあっています。

　建築主の指定した期日では難しい、または余裕が無いと判断したら、余裕のある期間を提示します。対応が遅いではないかとお叱りを受けるでしょう。しかしお叱りを受けるのは一度にしたいものです。言いにくいことであっても、言う勇気が必要です。

> 余裕のない日にちは設定するな！

> 施主から怒られると、つい苦し紛れの回答をしちゃうんです。

🍄 回答期限よりも早く回答する

　補修・クレームの受付をしたときの対応次第で、下のように同じ期間内で問題解決しても、回答の方法によって大きく評価は変わります。建築主は、不満・不具合に対して厳しく、早く対処するよう要求しています。

早さを決めるのは、窓口のあなた自身です

　スピードが早いか遅いかは建築主が判断しますが、建築主の早さの判断基準となる期間・期限は会社・窓口の人が決定するのです。つまりあなた自身です。

　会社が回答した処置期間より早く完了したら、「スピード対応」と評価され、約束通りなら「当たり前」、遅れれば「対応が遅い」と、不満の上塗りになります。

　「早さの基準は会社が決める＝窓口の担当者が決める」ことを理解できたら、対応の仕方は必然的に決まってきます。

間違い無く解決できる時間＋余裕＝完了期日

　そしてその回答期日より早く完了させるのです。

　建築主は一時的に怒っても、会社が回答した期日より早く対処したら、その結果を評価してくれます。同じ仕事をするのですから、建築主に評価される対応をしたいものです。

早い対応＝満足　約束通りの対応＝当然　遅い対応＝不満

　仕組みを、建築主を中心にしてルール化し、会社の制度に組み込んでおくことが考えられます。

約束 → 連絡 → 実施 → 確認 → 次回の約束

🍃 担当者が自分で結論を出す

　後がない行動には、全力が入るものです。責任者には後がないということを理解すべきです。後ろに社長や役員が居ると思うと、自ら判断しなくなる、人に頼る対応となります。クレーム対応でも後ろがあるという姿を少しでも見せれば、建築主はもうその責任者を相手にしません。さらに上の「社長を出せ」となります。

　工務店側から言うと、上を出せば出すほど、条件は悪くなります。**自分が結論を出すことが最安値につながります。**逆に建築主側から言えば、交渉の際に、工務店側のできるだけ上の人を引っ張り出すことができれば、条件は良くなることになります。

　技術者として、会社を代表してクレーム対応する経験は重要です。

🍢 こまめに報告する

　大きな問題や、多くの要因を抱えたクレームの解決は、最終的には金銭解決につながっていきます。

　住宅産業はクレーム産業と言われる通り、問題が全く無い建物はありません。建築主の見方によっては、いくらでもクレームをつけることができます。あるクレームを補修することによって対応しても、さらに別の部位のクレームをつけ、これを永久に続けることも可能です。

　問題の結果から見れば、やはりクレームの原因の多数は、工務店側にあることになります。建築主からのクレームを経験することにより、会社としても、技術者としても勉強になることは間違いありません。もっとも、クレームの時点では、そのような余裕はなく、悩みながら解決を模索します。

　「報連相」と呼ばれる報告・連絡・相談は、すべてのビジネスにおける基本です。対建築主の電話連絡について、データがあります。30分1回の電話よりも、10分3回の電話の方が、建築主からみると、密に電話しているようで、評価が高くなります。解決に向かって一生懸命に努力している姿が見えるからです。

　考え方や対応方法を変えれば、違った解決ができるものです。

🍢 電話での報告の仕方

　①報告期日を事前に確認しておく（ゆとりの時間を含める）
　②報告内容を事前に書面で記録したものを準備しておく
　③報告は約束時間の5〜10分前に（訪問の場合とは違う）
　　注：勤務中の建築主に連絡するときは、会社名ではなく、個人

名で行う
④報告は結果から話す
⑤事実を伝える(できないことはできないとはっきり話す)
⑥自信をもって話す
⑦確認する(繰り返しの確認)
⑧次回の報告期日を定める

　※最近は、携帯電話で話すケースが多くなりました。携帯電話は声が聞き取りにくい場合や、途中で切れたりする場合があります。事務所から報告する場合は、できるだけ固定電話で行います。

♣ 建築主との接点を絶やさない

　継続とは、建築主との接点を絶やさないことです。

　工務店は、建築主と継続的に接点を設けるため、友の会制度や何々会員といったように、様々な特典をつけて、建築主の囲いこみを図っています。そして建築主のリピーター化を図っています。それなりの予算も計上しています。

　消費者のところには、連日様々な会社からDMなどで多くの情報が届きます。商品を大量販売・低価格販売している場合は、自社の商品を購入していただいた建築主のところにDMをお送りして対応を継続するのも良い方法でしょうが、高額商品を扱っている場合は、DMなどで建築主をリピーター化することは難しいものです。電話で直接話をしようとしても、なかなか電話に建築主は出られません。

　どうすれば接点が設けられるかは、建築主が商品を購入された時点から、絶えず定期的に連絡・訪問し、接点を継続することです。

商品を購入した時点から以降に行う会社の体系的行動を、"継続"と言います。

人間関係を密にすることは、会社と建築主の関係だけにかかわらず非常に大切です。多くの問題は、人間関係がよいことにより、解決しますが、悪い場合には逆に決裂します。

良好な人間関係が、いつまでも継続できれば最高ですが、企業内では、人の移動は必ず出てくるものです。建築主からすれば、同じ担当者が永く担当してくれる方が安心です。新しい担当者と相性が合うか、その建物のいきさつが適切に引き継がれているかなど心配です。

会社側としては、人事異動で人が替わっても前任者と同じ関係がつくられるような仕組みにする必要があります。建築主への引継ぎの訪問期日を事前に通知しておき、同行して時間をかけて引き継ぎます。急いで効率よく巡回してはいけません。建築主にとって、工務店の担当者変更は極めて重要な問題です。事務的な引継ぎではなく、慎重に対応しなければなりません。特に良好な関係が築けている場合には、不安を覚えます。

🎈 慰謝料・迷惑料についての考え方

慰謝料・迷惑料とは、建築主が被った実害を償うとともに、建築主にご迷惑をおかけしたことのお詫びとして支払うお見舞い金のようなものです。住宅における不満・不具合の建築主対応において、慰謝料・迷惑料といったものは、原則的に不動産では本来お支払いする必要のないものです。

建物には保証書がついています。その保証内容に準じて、不具合

への対応を行うわけですから、**補修することが契約の履行なのです。**しかし、建築主が被った迷惑には、単に補修するだけでは済まない場合もあります。したがって不満・不具合の内容（例：再三の雨漏れ）によっては、慰謝料・迷惑料を支払い、解決を図る必要があると判断する場合もあります。

その場合、迷惑の大きさによっても違いますが、建物総額の1〜1.5％程度が妥当であると思います。

🏆 金銭解決についての考え方

慰謝料・迷惑料を支払って解決した場合は、必ず文書（覚書・合意書・和解書など）で記録に残します。なぜ記録に残すかと言えば、**時間の経過とともに、お金は必ず消えてしまいます。しかし、金銭で解決した結果、住宅の悪い部分は残ってしまいます**ので、建築主は金銭解決したことは都合よく忘れて、不満・悪さが残った部分を見る度に不満が甦ってきます。人が変わると、残った悪い部分だけを言うことになります。

時間が経過しても会社の中に当事者が残っている場合や、当事者が代わっても引継ぎが完全にできている場合なら良いのですが、多くの場合、当事者が変わってしまうと、会社側でも金銭解決したことを忘れて対応をしてしまうものです。信じられないことかもしれませんが、現実に多くあります。会社の人事異動や、社員の退職は通常のことで、一般的に自分が直接経験していないことは、気にしないものです。

金銭解決は、形式上は解決ですが、恒久的解決ではなく、一時的解決であると考えてください。逆に、金銭解決を行った担当者は、

争いですから面白くありません。仕事の忙しさもあり、どうしても
その現場から足が遠のきます。

　工事管理者からメンテナンス担当者へと人が代わるとうまくいく
場合も多いです。やはり人の問題には、相性が関係します。前任者
の印象が悪いわけですから、後任者は必然的に良くなってしまいま
す。ただクレームの経緯だけはしっかりと文書化して、記録に残し、
引き継いでいくことが重要です。

> 高くついたが
> 一応の解決だ。

> これは
> 記録に残しておきます！

🍷 ネットでのクレームに対処するには

　インターネットのYahooやGoogleで「欠陥住宅」と検索すると、
驚くほどの多量の情報にアクセスできます。You Tubeの動画にも出
てきます。画面を見ると、思い当たるところも多いはずです。技術

者として勉強になりますので、反面教師として活用して下さい。自社の建物がアップされるリスクもあります。そして消さなければ残ります。多くの建築主は結構調べていますので、営業的に問題になります。

インターネット時代のクレームとして話題になった1996年の東芝のクレーム事件（東芝側が電話対応する音声を消費者がネットに上げた事例）などは、代表的な事例です。それを機に多くの企業が対応方法を考え、最近ではインターネットのクレームにも上手く対応するようになってきました。しかし、昨今のクレームは情報化が

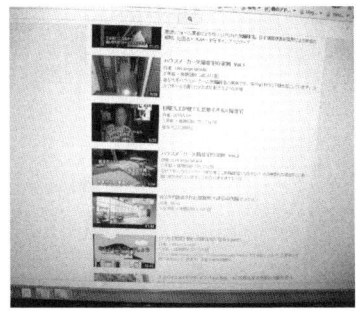

「欠陥住宅」として多くの情報がアップされています

進み、建築主はインターネットなど様々な手段で、クレームを表現します。どのようなケースであっても、適切に対応する必要があります。

　クレームの発生原因の多くは、工務店側の対応の悪さにあります。したがって対応の方法を常に考え、学ぶ必要があります。技術屋は経験しないと学ぶことができません。やってみてうまくいくと、成功体験となり、次に展開できます。

　建築主がインターネットに書き込みをしたり、自らのホームページを開いて自己主張したりする場合、建築主は自らの要求を認めさせようとして、インターネットを使っています。しかし、ネット上に書かれた内容については、既に多くの人が真実とは受け取っておりません。したがって、何ら心配すべきものではありません。

注意する必要があるのは、会社としてインターネット上での反論や、建築主のホームページへの反論、または書き込みなどをした場合、その反響は無制限に広がってしまうことです。そのような対応は、インターネットに書き込んだり、ホームページを開いたりした側の、思うツボです。おもしろおかしく一層の拡大へとつながっていきます。

　また、その情報の関心度（ヒット数）が高まると、マスコミが取り上げたりします。マスコミは、話題になる案件はないかと、絶えずネットに書かれた内容を探しています。

　インターネットに書き込みをしたり、ホームページに悪意ある文章を掲載したからといって、名誉毀損で訴えて損害賠償を求めようとしても、会社が被った名誉毀損・損害額を客観的に立証することは大変難しいものです。掲載内容によってはできる場合もありますが、それは稀なケースであり、紛争の対象にしにくいため、無視することが最善の対応です。

インターネットを使ったクレームは、無視する以外にない

　注意が必要なのは、建築主との対応の経過において、会社側が出した回答書、お詫び状、経過報告などは、いつ建築主が、原文のままホームページに掲載するかわからないことです。建築主に提出する書類は、第三者を意識して、公開されても問題ない配慮が必要です。

I-5 CISを高めるためのステップ

潜在不満を顕在化する

　企業は不満をそのまま放置することはありません。どのような会社であっても、建築主の不満に対しては対応し、不満の解消に努めます。

　そこで企業は、潜在不満を顕在化させるために、アンケートや、電話調査、建築主訪問などの活動によって、不満を顕在化させています。企業の顕在化活動を通じて、様々な建築主から、使用した結果の情報を得ることで、新しい商品開発への活用や、業務改善に活用することができます。そして建築主との接点が増えることにより、CISの推進にもつながるのです。

　会社の自然な活動がCIS推進となるようにする、これがCIS経営であると思います。

アンケートの読み取り方

　多くの企業がアンケート調査を実施していますが、そのアンケートは、企業側が情報を求めている事項について、建築主に回答を求める内容になっています。

　なかでも満足度調査は「この度お買い上げいただいた商品に、ご満足いただきましたでしょうか」といったように、満足度の評価を建築主の感性に求めているケースがよく見受けられます。そしてその満足度の推移を見ながら一喜一憂します。担当者も良いアンケートが返ってくると立場上嬉しいもので、顔が立ちます。

　良い場合は何が良かったかを、悪い場合は何が悪かったかを、企

業側の考えで判断します。

アンケート調査では多くの項目を数値化して、その数値を見れば会社の全体像はおおむねわかります。しかし、住宅においては、一時期の数値だけでは、本当の建築主の姿が見えないように感じます。

アンケート用紙には、購入した建物の総合満足（不満）度の全体評価、具体的に評価した部分（商品のどの部分を評価したか：箇所・機能・金額）、評価した対応（いつ・誰が・どの部分・場所・どれだけ）などに加えて、建築主の言葉を記入する欄があります。

建築主が記載した声は、企業が質問したことに関連して、建築主自らの意志で書きますから、その言葉が個々の数値の集計結果よりも、企業として本当に知りたい情報であるはずです。

建築主の声を読み取る際は、アンケートに書かれた言葉をただ単

に言葉通りに読むのではなく、建築主の言葉の真意を理解し、本当の気持ちを読みとるようにしましょう。

アンケートのまとめとして書かれた言葉

> 「担当していただいた方は親切で、丁寧に対応していただきました。現在大変満足して使用しています。貴社の商品をぜひ友人にも勧めたいと思います。今後ともよろしくお願いします」と記入されていました。

アンケートを素直に読むと、担当者は勿論会社としても大変嬉しい言葉ばかりです。喜ばれていることは事実です、でもこの建築主の言葉を次のように読みかえます。

> 「担当者は大変親切で、丁寧に対応してくれましたが、会社の他の人は知りません。
> 　建物は現在満足して使用していますが、将来のことはわかりません。
> 　今後のメンテナンスを担当する人も、営業担当者のように親切、丁寧に対応してほしいです。
> 　貴社の商品を勧めますが、メンテナンスの対応が悪くなれば、貴社の建物を購入するなと言います。
> 　今後もしっかりと業務をしてください。」

読み方が極端過ぎると思われるかも知れませんが、長年建築主窓

口を担当した経験から、建築主は、読みかえた通りの対応をしています。

満足した建築主には、不満をもつ建築主以上の対応、および継続が必要です。不満をもつ建築主なら、会社とは縁が無かったとして、切り捨てると割り切ることもできるのですが、逆に不満をもつ建築主ほど、将来の本当のファンと呼ばれる建築主になるケースも多いのです。難しいのは満足した建築主を満足の状態で継続することです。満足した建築主が不満に変わると、再度満足へかえることは、本当に難しいものです。

また、アンケートに書かれた建築主の言葉はデータ化することが大変難しいため、聞いたままで終わっていることが多いように思えてなりません。建築主側も、工務店に気を悪くされてもマイナスになるだけと考えて本音を言わないこともあります。是非建築主の生の声をもっともっと活用したいものです。

本当に満足度調査が必要な場合、例えば新商品を発売したときなどは、建築主と面談し、直接声を聞くことが最も早く、そして最も有用な情報だと考えます。建築主の本音を聞きだすコミュニケーションが必要です。

🍸 顕在化した不満をなくす

不満をもつ建築主の行動は先に述べた通りです。満足した建築主を一人つくるより、不満をもつ建築主をなくすことが優先されます。不満はあっと言う間に伝播するからです。

不満を無くすには、不満の項目を明確にする必要があります。

①不満の具体的事実を双方が確認できた場合は、処置対応する期

間・方法・費用負担などを決めてから行う（この場合は簡単）。
　②不満の原因が、人の対応という問題の場合は難しい。まずお詫
　　びからスタートし、次の事項を充分検討した上で、建築主との
　　会話の中から対応方法を決定する以外にない。
　標準となるような対応マニュアルは、ケースバイケースのため、
ありません。
　①対応の何が悪かったかを確認する（早さ・処置方法・期間・不
　　具合・約束・連絡など）
　②悪い点を正すだけで建築主が了解するのか。
　③不満の原因は他にないのか
　④不満の建築主の真意はどこにあるのか
　建築主とクレーム対応している中で、「社長をお詫びによこせ」
「建替えると約束せよ、元に戻せなど（明らかにできないような過大
な要求）」「大変な迷惑をうけた、どうしてくれるのか」「お金を要求
しているのではない」などの要求や言葉が出た場合の最終解決は、
金銭解決になることも多いです。
　本当に不具合を直してほしいとか、対応の改善を要求される建築
主は、必ず悪い点を具体的に示します。

🍷「満足度の向上」と「不満足度の低減」のどちらを重視するか

　会社の業績を上げるには様々な方法がありますが、CISとクレームの二つで、どちらが会社にとって影響を与えるか検討する必要があります。
　いずれも重要な問題ですので、どちらか一方だけの対応ではないにしても、会社の戦略として優先する考え方もあります。

▷方針1　CISを高める方が会社業績には影響度が高い
①営業活動がしやすくなる
②満足を通じての紹介数が増加する
③商品での差別化は難しいが、満足度で他社と差別化できる
④クレームの発生数は少なく、その都度対応する

▷方針2　クレームを無くすことが会社業績には影響度が高い
①多いと評判が悪くなる、営業活動がしにくい
②対応に時間がかかる
③処理に多大の費用が発生する
④発生すると他の業務に支障がでる
⑤CISを高めても効果が見えない
⑥信用が失われる

　方針1・方針2のどちらも重要な内容です。

　満足が得られない商品や物は、建築主から購入してもらえません。またクレーム内容によっては、企業の致命傷となる場合もあります。したがって、一方だけを優先し対応することには無理がありますが、いずれかに強弱を付ける対応は考える必要があります。

　方針1に重点をおいたとした場合でも、「満足度の向上を方針とする」か、「不満足度の低減を方針とする」か、同じように見えますが大きく違います。「満足度の向上を方針とする」ことは、満足した建築主をより多くつくることですから、建築主に喜ばれるにはどうするか、建築主本位の考え方になります。

しかし、「不満足度の低減を方針とする」とした場合は、不満足項目を低減しようとする、会社本位の考え方になります。

> 「不満足度の低減を方針とする」　≠　建築主満足

　CISとは、まず建築主本位である必要があります。その結果、会社にも貢献することになりますが、最初から会社本位であってはなりません。

🞠参考：民法634条（請負人の担保責任）

- 建物に瑕疵（欠陥・不具合など）があるときは、建築主は請負者に相当の期限を定めて、その瑕疵の補修を請求できます。
- その瑕疵が重要でないのに、その補修に高額の費用が必要な場合は、補修請求はできません。

解説：「8帖の和室の斜め対角を計ったら2mm違う、この部屋は菱形であるから、正しく長方形に直せ」のように生活上・機能上・外観上も何ら問題がないのに、これを直すには部屋全体をやり替える必要がある。法律ではこのようなムダな補修はしなくても良いと言っています。

- 建築主は補修に換えて金銭解決もできます。また損害賠償を同時に請求できます。

解説：法律を言葉通り読むと、補修した上に更に損害賠償が請求されるように見えますが、ここで言う**「損害賠償ができる」とは、瑕疵によって受けた実際に被った損害額を言います。**

　補修工事中に立会いするために、主人が会社を休んだ、奥様が昼間のパートに行けなくなった、子供の送り迎えができなくなってタクシーを使用せざるを得なくなった場合などを言い、迷惑料・慰謝料という意味ではありません。通常補修の場合、ほとんど該当しません。

　どのようなケースでもこの解説通りかというと、事象によっては異なることもあります。

コラム❶

魅力的品質

　設備機器類の進化には目覚しいものがあります。例えば、便器を考えてみます。日本の住宅で最も進化した設備は便器だと思います。海外では最先端便器として、多くの人から羨ましがられています。

　便所形態：ポッチャン便所→汲み取り便所→簡易トイレ
　　　　　　→水洗便所
　処理方法：汲み取り→浄化槽→直接放流
　便器　　：和式→洋式
　場所　　：屋外→屋内→複数設置

　上記のように、様々な形で便所の形態は変わってきました。どの変化を見ても、変わった時は本当に替えて良かったと体感したことだと思います。
　「寒い日の朝、暖房便座に座った時の暖かさや洗浄便器が快適」「蓋が自動的に上り、脱臭効果が付加され、快適性が向上した」といったように、替えて良かったと感じます。これが魅力的品質です。
　では、魅力的品質は継続するのかというと、当初はこのように魅力的と感じても、毎日使っているうちに、それが当たり前品質に変わります。他所で便所を使用した時に和式便器であったり、洗浄機能がなかったりすると、大変不便な経験をすることがあると思いますが、このような経験をすることによって、改めて我が家の便器の魅力に気がつきます。そして、どこで便所を使用しても、我が家と同じように不便さを感じなくなった時に魅力も感じなくなります。さらに最新機能が付加された新製品が出回りだすと、陳腐化して、マイナスに感じるようになります。

第2章

契約解除・不払いに関するクレーム

2-1 勝手に親と話を進めるな

　1階に両親、2階に息子夫婦が住む計画の2世帯住宅を息子と契約した事例です。契約から着工までは特に問題も無かったのですが、いざ工事が始まると、工事中父親が絶えず現場に来て、職方たちと親しくなるとともに、仕事にも何かと注文をつけるようになりました。職方から報告を受けた工務店の監督は、「変更には追加金額が必要になる場合があります」と父親に伝え、父親は追加金額の件を承諾しました。

　父親の注文は些細なことが多かったのですが、それでも50万円ほどの追加金額が発生しましたので、追加見積書を息子に提出しました。息子は「父親が要望したことだから」と、今回の追加費用のことは了解しましたが、「今後は必ず自分を通して進めてほしい」との注文がつきました。

　「父親から注文があれば、私（息子）に連絡してもらえば、私から父と話をする」と言われましたが、

> 父親から要望→要望を受けた職方から監督への連絡
> →要望内容を監督から息子へ報告→息子から回答
> →回答を受けて監督から職方へ指示→作業の進行

といった形となり、どうしても作業が中断するケースが増えてきました。変更には材料の手配と職方の手配が必要で、すぐに翌日材料が届き、職方が待機して施工できることはないからです。

　現状のままでは工期の延長が必要だと判断した工務店監督は、息

子に工期変更の確認と承認を依頼しました。息子は「工期を守らなければ契約違反だ」として、監督に対して、契約通りの工期を守るように要求しました。

　造作が完了する頃になって、父親からの注文は減り、以降は順調に工事が進行しましたが、それでも約2週間、契約工期から引渡しが遅れる結果となりました。

　工務店が建築主に建物を引き渡す際には、追加工事金額などを含めて、"精算書"を準備します。**最終金額の承認ならびに、支払いを行って、同時履行として、建物を引き渡すことになります。**

　息子は、引渡し時になって、契約工期が遅延したのだから、先に了解した追加変更工事費の支払いはできないと主張し、追加変更工事費を支払わないまま、入居しました。

工務店からすると、"未決済入居"になりますので、大問題が発生したことになります。一般に工務店は、未決済入居についての認識が甘いです。

　工務店は建築主入居後も、追加工事費の請求をしました。建築主は逆に、金額にはふれずに、入居後に発生した問題として、些細なことを数多く指摘し、欠陥住宅であると主張しました。新築した建物を解体撤去して、更地に戻して、支払った金額の全額を返金するよう要求しました。せっかく新築した建物を壊して、持って帰れという「伝家の宝刀」です。

　工務店は時間をかけて建築主と折衝しましたが、話になりませんでした。最終的には、追加工事費全額を放棄する結果になりました。裁判所に調停を申請する選択肢もありましたが、弁護士費用と解決までの時間を考えると、本件は"サンクコスト"（p.134 コラム参照）と考えて、今後の糧にするということで落ち着きました。工務店にとっては厳しい経験ですが、クレームになったということは、工務店側の反省すべき点も多いということです。

　改善点としては、
- 着工打ち合わせ時に、工事中の変更についてシステムを説明する。
- 契約主務者はだれかを認識する。
- 建築主側の窓口を1本に絞る。
- 現場での変更は、監督以外は受けない（職方教育）。
- 変更を受けた場合には主務者に確認（費用・工期の確認と了解）
- 未決済入居を厳禁する。

☐ **CHECK**

| 建築主側の窓口を1本化する　ヨシッ！ |

2-2 打ち合わせ態度が悪い

　ある建築主は、住宅展示場で出会った営業マンと、最初の接点から契約に至るまでは大変順調に進みました。これなら安心して住宅建築を任せられそうと思っていましたが、営業から工事管理者に引き継いで以降、工事管理者の態度に不安を感じるようになりました。

　不安の始まりは、最初の引き継ぎの時でした。打ち合わせの途中に工事管理者の携帯電話に頻繁に連絡が入り、打ち合わせ途中にたびたび席をたちます。携帯ぐらい打ち合わせの時は切っておくのが常識だと思うのですが、忙しい人だなと思ってそのまま打ち合わせを進めて、その時は終わりました。

　工事に入ってから、至急連絡を取りたい件があったので、工事管理者の携帯に連絡を入れ、打ち合わせがしたいと言うと、今日明日は都合が悪いので、明後日以降にしてほしいとの事でした。相手にも都合があることだと思って了解し、打ち合わせの日時を決めて電話を切りました。

　打ち合わせ当日、約束の時間がきても、工事管理者は来ておらず、電話で確認すると、「今そちらへ向かっています。あと5分ぐらいで着きます」との返事。工事管理者は着くと、「すいません」の一言で、挨拶が終わり、打ち合わせを始めると、たばこの臭いがぷんぷん。そして要件を伝えましたがメモも取らずに、「承知しました」との回答で、打ち合わせが終わると、工事管理者は職方に大きな声で偉そうに指示をしていました。

　建築主が帰ろうと現場の外に出たときに、他の現場の打ち合わせを携帯でしている話し声が聞こえてきました。自分の家の現場で、

他の家の段取りをされても、面白いはずはありません。

　後日改めて現場に行って、先日の依頼事項を確認したところ、できていないところがあったので、できていない箇所があることを携帯で伝えると「すいません。忘れてました」との回答でした。

　すぐに対処するとの返事も無く、これでは今後が心配と、営業マンに工事管理者を替えてほしいとの要求を出しました。

　営業マンは「工事管理者は変更できない」と回答しました。工事管理者を替えてほしいと言った以上、工事管理者は気分を害しているはずです。双方が気まずいままで工事を進めても、良い住宅はできないから、重ねて工事管理者を変更するように、ダメなら解約すると言いました。

　工事管理者の上司から、**お詫びと今後の対応方法**の回答を受け、了解して以後順調に進み、無事に引渡しを行うことができました。問題は確かにありましたが、盛り返しに成功して、かえって仲良くなれた現場と言えます。順調に進捗する現場よりもむしろ仲良くなる場合もあります。

　対応の問題点（現場管理はできている前提で）：
- 打ち合わせ時の携帯電話の対応（OFF・マナーモードにする）。
- 時間を厳守（事前に到着し現場清掃）する。
- 打ち合わせ時にはメモ（メモを建築主と共有する）をとる。
- 打ち合わせ前にはタバコを吸わない。

建築主への現場への送迎対応（迎える・見送る）：
- 現場での言葉づかい（他現場の話をしない）。
- 職方への言葉づかい。

　マナー・躾（しつけ：挨拶・態度・身だしなみ・言葉使いなど）

も必要です。言葉は使い方によって、建築主の心を癒す場合もあれば、傷つける場合もあります。

　建築主が求めるものは、建築主の期待通りの住宅です。建物としての品質は当然ですが、プラスαが必要です。対応（サービス）＋情報提供です。情報提供とは、工事管理者の経験の中で、何か一つ提案できることがあれば、建築主に提案することで、その決定権は建築主だけにあります。追加工事費用を支払っても、提案を採用してくれれば、その現場はうまくいく確率が格段に高まります。提案は効果的です。

申し訳ありませんでした。

あなたはいいから、営業の人と話をします。

❏ CHECK
躾（挨拶・態度・身だしなみ・言葉使い）　ヨシッ！

2-3 追加工事の見積もりがいい加減

　ある建築主は、長年の夢がかなって、やっと住宅を建てられると喜んでいました。新築住宅が建つという喜びで、契約内容の個々の金額まで、あまり深く確認しなかったのです。多くの建築主は、見てもわからないと思って、深く確認しません。工事が着工し、変更をしたら、その都度、追加の見積もりが届きました。

　追加工事を頼んだのだからと、最初は認めていたのですが、コンセントの追加を頼んだら、1ヶ所1万円の見積もりが届きました。

　「これは高い」と思い、工事管理者に確認すると、「作業完了後の追加だから高くなります」との説明を受け、ある程度は納得したのですが、1個数百円のものが、なぜ1万円になるのかと思って、契約内容の単価はいくらになっているかを確認すると、機器類以外は一式工事の表示ばかりで、個々の単価はまったく解りませんでした。

　工務店に見積もりの詳細を求めましたが、契約書に記載以外の詳細見積もりは出てきませんでした。多くのハウスメーカーも同様に1式いくらの見積もり金額を社内で決めていますので、この対応は異常ではありませんが、建築主としては、「出せない理由があるのではないか」と、今まで認めた追加費用も含めて詳細に確認すると、見積もりと違うものに変わっていたり、重複があったり、未着工時点での変更も高額になっており、全く見積もりが信用できなくなりました。

　最終精算時には、契約内容を最初から検討し、徹夜までして、納得するまで確認しました。結果的には大きな金額にはならなかったのですが、それでも追加金額は大幅に減額できました。見積もりがこんなに曖昧だと思うと、建物自体まで信用できなくなり、工事完

了の立会も徹底して行いました。

　最終的には建物に大きな問題も無く、概ね期待通りであったのですが、もっと見積もりが建築主にわかりやすく表示されていたら、無駄な時間を使って心配しなくても済んだのに、大変残念でした。

　見積もりは、後で問題とならないよう、建築主にも理解できるようにする必要があります。建築主は、素人でも、建築主なりによく勉強しています。機器類の種類や定価などについては作り手側よりもよく知っています。特に追加工事の場合、時期により見積もり金額は大きく異なりますので、建築主に説明するときは、時間をかけて、その理由を充分に説明し、納得を得る必要があります。

> 追加工事の見積もりは、条件によって変わります。

> 材料単価と施工手間を別に書いてほしいですよ！

❏ **CHECK**

追加工事の見積り説明　ヨシッ！

2-4 工事の途中で「契約を解除してくれ」

　住宅は、多くの建築主にとって一世一代の大事業であるだけに、一般の商品と違って、契約された後でも解約になるケースが多くあります。

　工務店として、この厳しい時代に、せっかく契約できた建築主から解約を申し立てられるほど、つらいものはありません。契約解除にならないような対応が必要です。営業マンも、契約が完了すると安心してしまい、契約前の対応と契約後の対応に差が出がちです。契約後に急に連絡が少なくなり、建築主が不安になるなど、理由があって、建築主は契約解除を申し出ます。工務店の契約後の対応次第で、防ぐことは可能なのです。

契約解除の申し出を受けた場合の対応も、充分承知しておく必要があります。

　契約解除への対応は、契約前の対応の状況、契約後の対応の状況など、様々なケースによって、大きく異なります。**契約書・契約約款および設計図書による対応が基本**になります。

　契約解除の理由も重要な争点です。建築主側都合による契約解除の場合は、契約約款記載の通り対応しますが、建築主が会社側の悪い点を原因として、解約を申し出た場合が問題です。

　解約できる理由は次の通りです。

①会社が正当な理由なく、約束期日を過ぎても着工しないとき

　約束期日を過ぎても着工しないと、着工が遅れることによって、約束の引渡し期日には建物が完成しないことが確実な場合に解約理由となります。ただし、その遅れは、1週間や10日といった短期間を言うものではありません。

②工期が遅れて一定期間内に完成しないとき

　竣工が正当な理由も無く、2ヶ月以上遅れることが確実な場合。

③契約に違反し、その違反によって契約の目的（＝契約通りの建物の引渡し）が達成できないとき。

　契約の違反とは、工務店側の業務によって生じた、重大な瑕疵によるもの。

④会社が理由なく契約解除を申し出たとき。

　会社側から、明確な契約解除理由（建築主側の契約不履行など）をつけての申し出がない場合。

❏ CHECK

契約後の連絡不足なし　ヨシッ！

2-5 無償で補修工事をしろ

　建物を引渡して2週間目、入居後に生じた補修工事を行った日の夕方、入居者から「床に傷がついているから、見にきてほしい」と連絡が入りました。

　補修工事を行った業者から、作業中には何も問題が無かったことを確認した後、入居者宅へ行き、指摘された傷跡を確認したところ、本日の作業には関係の無い場所で、引渡し時の立会検査でも指摘の無かった箇所であったため、「会社側の責任ではありません。補修する場合は有償になります」と回答しました。

　入居者は「私たちが傷をつけたと言うのか」と、逆に厳しい怒りの声に変わり、「上司を出せ」「入居して2週間目に補修が必要になるような家は、工事管理が悪かったんだ。だから、こんな傷が付いていたのだ」「補修では納得できないから、床をすべて張り替えろ」と、問題が変わっていきました。

傷のついたフロアに付箋が張られています

改めて、上司とともに建築主宅を訪問し、対応を打ち合わせた際、床の張り替えはできないことを主張し、**建築主側が傷を付けていないと主張される以上、床の傷については、無償で対応することで納得いただきました。基本的に、「建築主が傷をつけた」という証明はできないからです。**

　入居後7年目、特にそれまでは問題はなかったのですが、天窓付近のクロスにカビが発生しており、建築主より雨漏れではないかと指摘を受けました。

　訪問して確認した結果、建築主に、換気不足によるカビであるため、対応は有償になると伝えて折衝しました。建築主は雨漏れによるものだから、10年間の保証期間内であると、無償対応を要求しました。有償以外に対応できないと主張して再三折衝し、最終的には双方折半することになり、28万円の補修工事を、14万円で補修工事契約をして、行いました。

　補修契約内容に沿って補修工事を実施しました。ここまでは順調にきましたが、工事が終わり、資材を片付ける段階で、鋼管足場を階段踊り場に落とし、床と壁に傷を付けました。

　「建物に傷を付けられた」と、建築主は「契約の補修代金は支払うが、家に傷をつけたことについてはどう対応するのか」「単に直せば良いといった問題ではない」と主張しました。

　お詫びをするとともに、床・壁の傷は補修を完了しましたが、それだけでは納得されず、傷をつけたことへの会社としての誠意ある回答が来るまでは補修工事金額の支払いはできないと主張しました。

　クレームになると、建築主はいつも"誠意ある対応"を要求しますが、基本的にはお金での解決を要求しています。

その後、建築主から「代金を支払ったから、確認してほしい。この件はこれで解決にしたい」と、一方的に支店に連絡が入りました。送金された金額は、契約補修工事代金の半額（7万円）でした。

　一方的な内容ですが、足場材を落とした管理ミスがあること、建築主の属性から、話し合いにならないことは明確です。迷惑の金額をどのように判断するか悩ましいところです。

　仕事が忙しい中で、残りの7万円を追求するかが問題になります。徹底的に7万円を回収するには、建築主の無理な要求の多くを呑まざるを得ず、7万円以上のコストがかかることが一般的です。大手ハウスメーカーの場合には、責任者のメンツにかけて、多くのコストをかけてでも、意地で回収する場合がありますが、**工務店としては、対応に膨大なコスト・労力を要するよりは、早く問題を解決すべきであると判断します**。これは前述のサンクコスト（p.134 コラム参照）になります。

　別の事例です。建築主の要求が厳しく、工事の最初から最後までうまくいきませんでした。いわゆる難癖をつけて、やり直しばかり行いました。作っているんだか、壊しているんだか、わからない状態です。職方も嫌がって、行きたがりません。自分で一生懸命施工したものを、また自分で壊すわけですから、面白いはずがありません。

　厳しい建築主検査を経て、工事管理者はやっとの思いで、竣工引渡しにこぎつけました。工期遅延（p.82 コラム参照）など迷惑料として、相当の値引きを要求されましたが、早く終わりたい一心で要求を受け入れ、精算完了、建物引渡し入居となりました。工事管理者は、メンテナンス担当者にバトンタッチして、一応責任を果たしました。

　その後しばらくして、便器が割れているというクレームの電話が

> 誠意ある対応をお願いしますよ。
>
> きっちりと、完全に直します。

入りました。便器は最初から割れていたとの主張で、無償取り替えの要求です。工事中に割れた便器なら、厳しい建築主検査をパスするはずはなく、気付くはずです。入居後の時間経過をみても、割れた便器をそのまま使用するはずはなく、明らかに建築主が何かに腹を立てて壊したものです。しかし、建築主が壊したことは、想像できても、証明することはできません。

メンテナンス担当者は、小さな声で、「今度だけですよ！」と、ニッコリ笑って、便器を無償で取り替えました。ウマいものです。その後多くの苦労もありましたが、時間の経過とともに、おさまっていきました。時間が解決するということです。

❑ **CHECK**

「今度だけですよ！」でおさめる　ヨシッ！

コラム 2

工期遅延に関する業界のガイドライン

- 民間（旧四会）連合協定工事請負契約約款
  1. 施工者が契約期間内に工事の完成引き渡しができない遅滞があるときは、建築主は契約書の定めるところにより、遅滞日数1日について請負代金の1万分の4以内の違約金を請求することができる。
  2. 建築主が請負代金の支払いを完了しないときは、施工者は、遅延日数1日につき支払遅延額の1万分の4以内の違約金を建築主に請求することができる。

  実効性・相当性の観点から、工期遅延及び支払い遅滞の場合の違約金算出方法を見直し、料率を1万分の4（年率14.6%）から、年率10%へ変更しました。工期遅延の違約金算出において、出来形部分の請負代金相当額を控除することを廃止しました。

- 住宅建築工事請負契約約款（日弁連）
  1. 施工者の責に帰すべき理由により、契約期間内に契約の目的物を引き渡すことができないときは、特約のない限り、建築主は、請負代金に対し年6分の割合による遅延損害金を請求することができる。ただし、建築主はその他遅延により特別必要とした仮住居費用等や、収益を目的とする建築物についてはその収益の損失違約金を加えて別途請求できる。
  2. 建築主が請負代金の支払いを完了しないときは、施工者は支払い遅滞額に対し年6分の割合による遅延損害金を請求することができる。

  工期遅延損害金は、契約金額（遅延金額の場合もあり）の6〜10%／年の範囲で、契約により異なります。確認しておきましょう。

第3章

契約から着工までのクレーム

3-1 契約後に連絡が途絶えた

　契約した後から着工までの間が、建築主の最も不安な時期になります。「他社にすれば良かった」「もっと安くできなかったか」「本当に期待通りの家をつくってくれるのか」「だまされていないか」「ローンは将来にわたって支払い続けることができるのか」など、様々な不安が建築主には芽生えます。

　この不安は、建物が具体化しはじめると、多くは解決するものですが、建物の形が見えない間の時期にクレームが発生するということは、**会社側の対応・フォローの問題**です。また、昨今の住宅受注の競合激化によって、契約している建築主にまで、他社から営業活動が仕掛けられるようになってきました。

　苦労して契約した建築主から解約を申し出られるといったことにならないよう、フォローが大切です。**建築主への連絡・報告・確認を定期的に実施し**、建築主との接点を多くすることによって、解決します。契約した後で、解約が発生すると、営業マンとしては、フォロー不足を証明することになり、つらい立場になります。

　契約するということは、建築主が営業マンを信頼した結果であり、建築主が最も満足した時期です。契約が終わった途端、連絡が途絶えるといったことなど本来あってはならないことです。しかし、この声はかなり多く聞こえてくるのです。

　入居後のアンケート調査でも、建築主から、「営業マンの契約後の対応が、契約までと全く異なり、連絡が悪くなった」という不満の言葉を聞きます。営業マンは毎月の業績ノルマを抱えている場合がほとんどですから、契約が終われば、次の建築主を探すために、契

約が完了した建築主への連絡が少なくなります。営業が行う連絡を必要とする業務は、契約締結により完了しているはずであると、営業マンは勝手に思い込んでいるからです。

> 契約までは連絡くれたけど、音沙汰なしね！

> いっぺんに態度が変わったよね！

自分が担当し、契約した建築主の満足を継続させることによって、自分の営業活動が広がっていくものです。住宅を建てようとする建築主のまわりには、同じように住宅を建てようとする人たちが、集まっているものです。満足して契約した建築主を通じて、営業活動を展開させるのが、賢い営業マンです。これを**紹介営業**と言います。トップセールスマンを長く続けている優秀な営業マンは、必ず紹介受注が多いです。紹介のないトップセールスマンはいません。新規顧客がなくても、紹介受注だけでやっていきます。契約した建築主を大事にしない営業、また連絡が悪いと評価される営業マンは、業

績も上がらないものです。

建築主からそのような不満を受けないためには、営業マンから業務を引き継いだ設計者や工事社員が、着工までの間をフォローするしくみを設けることが必要となります。着工までにクレームが発生すると、その後の着工～引渡しまで、順調にいくことは少ないです。

営業マンの本来の仕事は、契約してからが始まりであることを、自分の将来を考えて、理解する必要があります。営業担当者が甘えて、設計や工事の担当者に任せきりにすると、解約リスクが発生します。次の工程に進んでも、**営業としての管理は必要**です。解約になってから、設計責任や工事責任を社内で追求しても、営業として失った信用が回復することはありません。建築主が営業マンを信用しなくなったのです。

もちろん、工務店によりシステムは大きく異なります。最後まで営業マンが責任窓口となり、現場立会いにも営業が同行し、支払いにも関与する場合もあります。一方、契約が終わるとドライに次の工程にバトンタッチするため、今までの人間関係が切れてしまう場合もあります。それぞれの工務店のシステムによるものですが、**契約した営業担当者が最後まで面倒をみてくれる方を、建築主は好む傾向にあります。**

現場が動き出すと、営業マンが完全に窓口業務をすることは難しくなりますが、できるだけ関わった方がうまくいきます。建築主が営業マンを信頼して契約したわけですから、基本的には相性が合うのです。将来、紹介受注の可能性にもつながります。

❏ CHECK

営業担当者は引渡しまで関わる　ヨシッ！

3-2 設計変更するたびに追加費用をとられるのがイヤ

　このようなクレームは、建築主側にも問題があります、本来は事前の打ち合わせを充分に行うことで、変更事項は少なくなるものです。一世一代の夢の建物を建築する以上、変更事項が出ることも当然と考えて、要望にお応えする場合もあります。

　変更を受けた時点で、見積もりにも時間が必要であること、変更は割高になること、工期に影響があることなどを、その都度、建築主に伝えることが重要です。面倒くさくても何度も伝えます。

> あなた！また追加の見積もりが来たわよ。
>
> うちの都合で変えたんじゃないけどね！

　言いにくいことを言わないことは不可です。仕事においては、言いにくいことをきっちりと説明しなければなりません。

　変更工事を気安く受けることは、自らの業務が輻輳するとともに、

工務店も工程の変更や、職方手配の変更などが必要となり、ミスの原因になります。大手ハウスメーカーほど、工事途中の変更を受け付けないことを原則にしています。トラブルの原因となるためです。その分、着工までに厳しく煮詰めることに注力します。中小の地元工務店は、このあたりは比較的融通をきかせて、適当に対応して進めているようです。

　工事中の追加変更は、その場で必ず、"追加変更工事依頼書"に、署名していただきます。追加金額の了承も必要ですから、その場で金額が不明の場合でも、いつまでに提出するかを表明します。

　見積もりよりも先に、工事が進行する場合もあります。建築主から高額であるとのクレームが出るのは、追加工事の明細の表示方法や、金額説明の仕方にも問題があります。

　変更前の商品の中止、新たな人・物の手配、設計の変更、関連職種との関係調整などが新たに発生する、といった割高になる理由を建築主に理解していただく必要があります。理由の説明は、担当者の仕事が忙しいと省略される傾向にあり、リスクは増大します。

　その事前作業として、着工打ち合わせの時点で、工事中もしくは工事直前でも段取りが必要になることをふまえて、**追加変更の仕組みを説明**しておかなければなりません。見積もり金額の提示が遅れる可能性もあります。工事管理者は、その建物の専属ではなく、各現場を兼任していますから、忙しいもので、通常は遅れる傾向があるのです。

🍄 工事完了後の追加工事請求の有効性

　見積書の提示が工事実施後になり、事後請求となった場合の有効

```
┌─────────────────────────────────────────────────┐
│           追加・変更工事依頼書        NO ○○    │
│                                                 │
│  ○○○○                                        │
│        平成   年   月   日（ ）                 │
│      下記の内容の変更工事を  有償   無償  にて依頼する。│
│                              （何れかを削除）   │
│                                                 │
│   変更箇所  ┌──────┐  →  ┌──────┐          │
│             │      │      │      │          │
│             └──────┘      └──────┘          │
│                                                 │
│   追加事項  ┌──────────────┐              │
│             │              │              │
│             └──────────────┘              │
│                                                 │
│   特約 ①依頼した追加・変更工事において工期変更が必要な場合は、特段の│
│        変更を除き承認する。                     │
│       ②見積書は1週間以内に提示する。           │
│                                                 │
│                    建築主署名                   │
└─────────────────────────────────────────────────┘
```

参考例：現場立会時の変更依頼書

性は、建築主からの変更工事依頼が明確である場合で、その請求額が客観的にも妥当性のある金額である場合に認められると考えられます。建築主は「こんな高い金額なら、旧に戻してほしい」と、よく言われますが、旧に戻す必要はありません。しかしながら、事後請求の場合は、その金額通り請求が認められるものでもない、と考えなければなりません。

結局、**事前に見積もり金額を提示し、承認を得ることをしない限り**、損失は生じる可能性が残ります。

住宅現場において、工事途中の追加変更によるクレームは多いのです。建築主にも協力してもらい、**着工までに煮詰めることが必要**

です。追加変更がない現場の方が、圧倒的にうまく進行します。順調に工事を進行することは、建築主と工務店の共通目標です。

> ▷追加変更は嫌い
> ・営業担当者：追加変更なく、早く契約したい。
> ・工事管理者・職方：見積もりが面倒くさい。材料の手配などの仕事が増える。
> ・工務店：儲かるよりは、時間も手間もかかる。
> ・建築主：金額が割高になり、気分を害する。

エッ！今からコンセントを追加すると言われても…。

それくらいサービスできるでしょ！

□ **CHECK**

着工前の煮詰め　ヨシッ！

3-3 契約前の説明と図面が違う

　契約までの説明の段階で、営業担当者は受注獲得のために、多少オーバーに良いことを言います。契約図面は、建築主と交渉の過程で行った打ち合わせ事項を基に、**最終合意を得た結果のものであり、最終の姿を表示します。**

　実際に着工するまでには、必ず建築主に確認する必要があります。設計確認会とか着工打合せ会などを行い、模型やパースなどで説明し、後日になって設計内容が思いと違うといったクレームが発生しないようにします。そのために、**工事管理者は現地を確認したうえで、図面・見積もり書を充分に読み込まなければなりません。**時間が必要で、忙しい場合には省略されがちになりますが、後からのクレーム防止のために、**図面読み込みの時間を確保しなければなりません。**

　もし建築主が納得しない場合は、その時点で解決してしまうことが大切です。どの部分が問題なのか、どう対応すれば納得するのかを、建築主とよく協議します。契約内容との整合性の確認、是非の区別、対応費用、対応期間などを打合せし、着工に影響を与えない範囲内で、解決させる必要があります。

　設計上の問題は、解決を絶対に先送りしてはなりません。遅れるほど解決が難しく、対応の費用も多大になります。

　実際に、建物完成後になって「外観で重要なアクセントと考えていた屋根が道路面から全く見えない」「当初営業マンが行った『絶対見える』との説明と違う」として訴訟にまで発展したクレームがあります。話がつかず、会社側の負担で外観修正をした例です。

図面と実際の違いは、建築主の目線の違いによるものです。図面上では見えるものでも、実際に現場に立ってみると、見る角度によっては、図面上よりも小さく見えたり、全く見えない場合があります。食い違いの多くは、従来の生活を前提にする、色・音・振動（揺れ）・臭いなど、建築主の感性によるものが多く、解決は難しいものです。感性は人によって、バラつきます。

　別の例です。契約前には、基礎を"ベタ基礎"にする話が随分と出ていました。建築主は、ベタ基礎が気に入りました。地耐力調査の結果、ベタ基礎は不要であり、通常の布基礎でも大丈夫ということになり、営業担当者は、標準の布基礎の見積もりのまま、布基礎で契約しました。ベタ基礎にする必要はなく、追加工事金額が不要となり、予算内で納まり、無事契約しましたが、建築主はベタ基礎であるものと思い込んでいました。工事は図面通り進めますから、布基礎の施工になります。

　建築主がよく主張する言葉に「**素人ですから、図面を見てもわかりませんよ**」という伝家の宝刀があります。工務店によっては、"構造伏図"を建築主に渡さないことも多いです。工務店が主張する理由は、「**専門的な内容だから、どうせ素人には分からない**」というものです。双方が勝手な理由を、都合よくつけるものです。

　早期に異議を申し立てれば、対応の仕方もありますが、建物竣工後に「ベタ基礎になっていない」と言われても対応の仕方がありません。建築は、できあがってしまえば、基礎が悪いからといって、取り替えることはできません。不同沈下など構造上の問題があれば別ですが、通常に生活できるものであれば、許容せざるを得ません。**取り替えのきく、通常の商品とは異なるという建築の特殊性を説明**

します。

　工事管理者は、面倒くさくても、念押しや詳細の説明などが必要になります。建築主の思いと契約図面が違うことが困るのです。建築主にとっては初めての体験です。工務店にとってはいつものことです。ここに"温度差"が生じることになります。**クレームの種が、この温度差にあります。こちらの常識は、あちらでは非常識**ということが起こる可能性が高まります。仕事が忙しいとパニックになり、つい説明を省略しがちになることは事実ですが、心しておかなければなりません。繰り返しの念押しが重要です。

□ **CHECK**

契約図面との思い違いなし　ヨシッ！

3-4 いつまで待っても着工しない

　契約した建築主の建物を、企業側が正当な理由もなく、契約通り着工しないと、その遅延期間によっては、解約条項に該当することがあります。

　建築主にしてみれば、楽しみにしている自分の家の新築工事の進行を見に行くわけです。遠くから時間をかけて見に行って、進行していないことが度重なれば、不愉快になってくるものです。

　多くは、工事を着工しないのではなく、**着工できない理由・問題があるはず**です。その理由・問題に対し、早く対処するとともに、着工できない問題が、関連する法律や手続き以外に、社内の問題であっても、建築主に経緯および、今後の予定を説明し、理解を得ることが大切です。

　確認申請書も許可されるまでに相当の時間がかかり、少しでも変更があれば再申請を要求されるなど、大変難しくなってきました。遅れるときほど、連絡を多くすることが重要です。着工までの時期は、期待と不安が入り混じった、不安定な時期になります。正確な予定を示すことができれば問題はありません。着工してしまえば、現場は動き出し、うまく回りだします。

　クレームの原因は、連絡の不足や対応のスピードによるものが多いのです。建築主は「契約して契約金を払ったが、一向に着工されない、もしかしたらだまされたのか」などと不安にかられています。工務店側も、動きがなければ連絡しにくいものですが、何かネタを見つけて、連絡回数を無理にでも増やさなければなりません。

　建物引渡しが、契約工期の1/3以上遅延することになれば、建築

主側から見て、企業側責任による解約事由に該当します。

　また契約約款には、工期が遅延した場合の対応方法が必ず記載されています。したがって、工期が遅延した場合、約款通りの遅延金を払えば済む（法律上はこれで良い）のですが、それ以外に、**建築主が工期遅延したことによって受けた損害は、現実的には償う必要**があります。工期遅延の場合、契約約款通りの内容で収まることは少ないです。

　会社内では、工期遅延損害金の支払いは、工事管理者の立場を悪くします。そして、それ以上に大きな損失は、建築主からの不満です。あとあとまで大きく影響します。工期遅延を原因としての突貫工事は、建築主の満足感を大きく低下させる結果になります。

　工期遅延問題で怖いのは、一軒の現場で遅れると、他の現場から

職方を集めて、突貫工事を行うことです。無理に工期を短縮するということは、建物の品質が低下し、現場の安全衛生が低下し、職方のモラルが低下し、コストが上昇するということです。

次の現場から、必要なはずの職方を引き抜いたわけですから、次の現場では、さらに工期が遅延することになります。**負の連鎖**となりますので、会社全体に、工期遅延が蔓延することになります。

技術系社員にとって、工期遅延のストレスは大変なものです。必ず夜遅くまで、事務所で暗い表情をしながら仕事をしています。会社内がギスギスした感じになります。その意味で、**契約工期の設定は重要**です。常に現場の職方の状況と仕事量を把握しておく必要があります。工期遅延が蔓延しだすと、建築主に対する連絡もしにくくなります。クレームが頻発する結果につながり、工務店の工事系社員のモチベーションが大きく低下することになります。

工務店では、必ず忙しい時期があります。一時的な現象ですから、新たに社員を増やしてすぐに対応できるわけではありません。技術系社員の養成には、多くの時間が必要で、即戦力にはなりにくいのです。ストレスに耐え切れなくなって多くの優秀な技術系社員が退職して、別の道を歩む結果となってしまいます。

工務店では、必ず暇な時期もあります。こういう時の工務店の対応は不思議に早く、配置転換や転勤を命令する場合が多いです。効率を求めるのがビジネスですが、技術系社員を簡単に移動することは、長い目でみると、別のリスクを伴うことがあります。

❏ **CHECK**

着工日の説明と厳守　ヨシッ！

第4章

工事中の近隣からのクレーム

4-1 挨拶がない

　近隣住民に挨拶するのは当たり前です。工事着手前の着工挨拶は誰もが行うのですが、工事に入ると無視する場合が多いものです。関係者が近隣の方に顔を合わすたびに挨拶すれば、近隣の方は高く評価してくれます。挨拶をうるさくて迷惑だとは思いません。現場に関係する全員が挨拶を心がけるべきです。

　こんな基本的なことに関する近隣クレームが多いのです。どうしてこのようなクレームが発生するのか、冷静に考えると不思議に思えてなりません。

　実際、着工する前に、工事関係者は着工挨拶に行っているのですが、必ずしも挨拶時に近隣住民の方が在宅されているとは限らず、

「今日は留守だったから、もう一度挨拶に伺おう」と思いながら、時間が経過してしまって、実際に挨拶にいけたのは、着工後になってしまった。多分こんなケースだと思います。

工事関係者は住宅をつくることが主業務であって、挨拶はついでの仕事と思っているから、挨拶が遅れても気にならないのです。近隣住民は、自分たちの周囲に住宅を建てる場合は、多少の騒音や埃などはしかたがないとして、許してくれます。そのような住民の気持ちを理解すれば、ことあるごとに挨拶するのは、工務店にとって当然の義務です。

理由のいかんにかかわらず、**工事管理者はもとより、職方を含めて全員で挨拶を徹底させることが大事です**。そのような挨拶が自分達の仕事を楽にするとともに、会社の信用向上につながるのです。

工事関係者が隣人にきっちりと挨拶しておくと、必ず建築主は入居後に隣人と話をしますから、そのときに隣人は良い評価をしてくれます。「お宅に入った**職方さんは、礼儀正しい人でしたよ！**」と言われれば、建築主も悪い気はしません。隣人の評価は影響が大きいのです。逆もあります。「ひどい職方でしたよ」という、評価であれば、最悪の結果となります。

　さらに、竣工したときには、近隣の方に、**竣工挨拶**を行います。着工挨拶は当たり前ですが、竣工挨拶は実施しない工務店がいまだに多くあります。近隣からは評価されていますので、工務店としては竣工挨拶をするべきです。挨拶にしすぎることはありません。

工事中ご迷惑をおかけしました。無事に竣工しました！

竣工したのね。もうすぐ引っ越してこられるのね！

☐ **CHECK**

徹底的に近隣挨拶を厳守　ヨシッ！

4-2 車が邪魔

　工事中の駐車は、常に問題になります。近隣の方に迷惑をかけないことは、現場の基本です。車は現場作業をする上で、必ず近隣に迷惑をかけます。住宅建設の場合は、敷地内に駐車できるスペースがある現場は、ほとんどありません。

　資材搬入時にはどうしても敷地前の道路に一時駐車することになります。近隣に迷惑をかけていることを認識して、少しでも迷惑をかけないよう、工事用車輌の駐車の際は、絶えず近隣を意識します。

　実際に、違法駐車をしていると、警察へ通報された例や、駐車場所の問題で、作業用車輌の運転手と近隣住民との間でトラブルが生じることがあります。

違法駐車を理由に、暴力団の介入など様々な問題が発生する可能性もあります。当然、建築主にも迷惑をかけます。

　隣が空き地だからといって、勝手に止めてもだめです。その場合は必ず借地します。近隣に駐車場がある場合には、契約見積もり段階から、**駐車金額を計上するべきで**、**工事予算にも含みます**。昔は工事中の路上駐車は、通用したことも多いですが、今は許されないことが通常になっています。

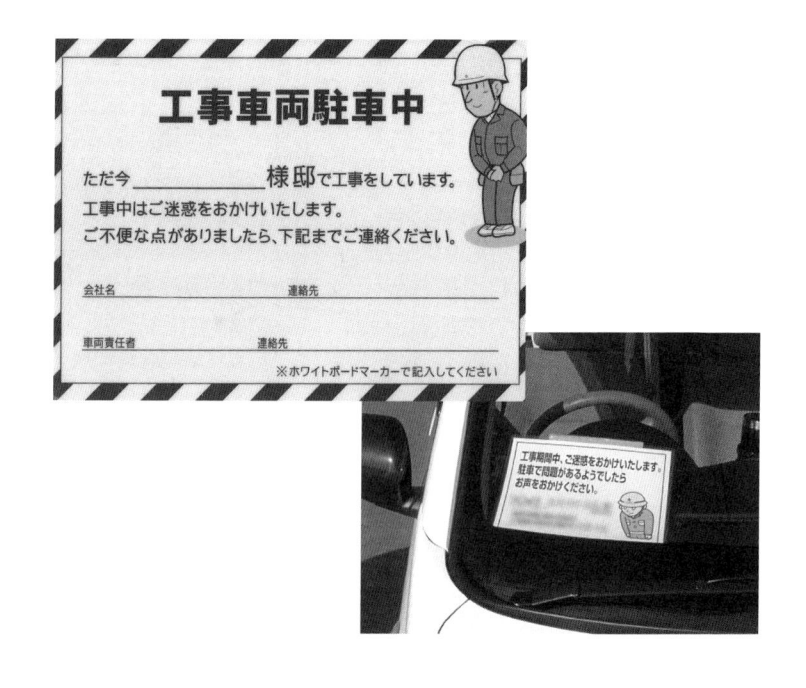

　路上駐車がやむを得ない場合の手段ですが、上記のようなカードもあります。携帯電話番号を記載して、すぐに対応しますという表明です。何もしないよりはプラスです。

路上駐車をしていると、職方も駐車違反を気にして、よく車を見に行きます。罰金については職方負担になるため、モチベーションが低下します。駐車する場所の問題によって、作業効率が格段に違ってくるのです。

❑ **CHECK**

駐車場確保　ヨシッ！

4-3 臭い・ゴミを何とかしろ

　近隣住民は、建設工事によって従来の環境が壊されないかと、大変厳しい見方で現場を見ています。現場の整理整頓以外に、臭いについても非常に敏感です。架設トイレの設置位置が隣家の玄関側だったり、部屋の窓の前だったりしてクレームになったケースがあります。夏場に職方の食べる弁当カスを放置して、臭くなることもあり、カラスが散らかすこともあります。

ハエが来るから、空き缶は持って帰ってよ！

すみません、すぐ片付けます。

　白蟻工事の薬剤散布による臭いも、同様にクレームになる場合があります。実際に、白蟻の薬剤散布の臭いにより、隣家の奥様が、"シックハウス症候群"を発症したと主張され、紛争に発展した場合もあります。シックハウスは対応が難しいです。

ケースによって、対応は異なりますが、近隣に配慮していると理解していただけるような対応・行動・管理をすることです。

　現場では、廃棄物が必ず発生します。**現場から発生する廃材は、一般廃棄物ではなく、産業廃棄物ですから**、管理には注意が必要です。廃棄物は品目ごとに分別して、ゴミ箱に整理整頓して、雨にぬれないように保管し、満杯にならないようにします。ゴミ置き場に長期にわたってゴミを置かないよう、定期的に廃棄するとともに、飛散しないようにシートがけをするといった対策も必要です。近隣の人がゴミを見て気分が良いことはありません。

　産業廃棄物を一般廃棄物のゴミ捨て場に捨ててはいけません。これは犯罪になります。

弁当カスやコーヒーの空き缶は、現場から排出するゴミだといっても、産業廃棄物ではありません。**毎日飲食した当人が、自宅に持ち帰るべきものです。**

　満杯のゴミを見ただけで、建物のできを見なくても、管理の状況がわかります。満杯のゴミ箱に通行人がタバコをポイ捨てして火災が発生したケースもあります。

もう！
ウチの玄関前に
トイレを置いて！

❏ **CHECK**

臭い・きたない現場は不可　ヨシッ！

4-4 日照権の侵害だ

　住居地域内で一般的な住宅を建設する場合は、日照権に関して問題となることは、原則ありません。したがって、住宅を建築基準法通り施工すれば、特に問題となることはありませんので、クレームを受け付けても心配することはないでしょう。

　法律を守るということは、社会的ルールにしたがって行動するということです。人によって判断基準が異なると困りますので、その**判断基準が法律**です。

　しかし、後から建築する以上、契約段階での配置計画において、建築主と打ち合わせし、建築するプロとして、可能な範囲で近隣への配慮が必要です。建てる側の建築主が配慮しても、近隣の方は配慮したことがわからないのですから、日照権を主張する方はしてきます。はっきりとお断りすべきです。

　今までは建物がなく、日当たりも風通しもよかったわけで、隣地に建物が建つことにより、当然に影響を受けることになります。住宅地において、自分も建てたわけで、隣地に将来的に法規にのっとった建物が建つことは、想定内のはずですが、いざ建設されるとなると、一言いいたくなるものです。

　建築主からの要望で設計する場合は、外観や配色などについて設計者が配慮するのが難しい場合はあります。しかし建築主は設計者の意向に添って判断する場合が大半だと思います。したがって、「設計者が町並みをつくる」という意識をもち、入居者と近隣住民が問題を起こさないようにという、基本的な考えのもとに設計すれば、施工段階での近隣クレームを除けば、多くは低減できるものです。

> 隣が建ってから、陽が当たらなくなって最悪!

　近隣からクレームを受けた場合、最終的には断ることになりますが、最初から拒否では話になりません。近隣の方と会って、申し出の内容を聞いて、検討して、建築主の意向を確認するといったステップを踏んだ後、断ります。結果は別として、対応に誠意をみせるしかありません。

🏠 日照権に関する目安

　冬至の日の午前8時～午後4時までの間に、地上から1.5㍍の高さで、3時間確保できるのが目安と考えれば良いでしょう。地域によって定めがある場合もありますので、注意してください。

❏ **CHECK**

| 日照権は、対応に誠意　ヨシッ! |

4-5 工事がうるさい

　住宅を現場で施工する以上、騒音は必ず発生します。住宅建築の場合は、近隣住民の方は、工事中の騒音について、お互い様のことだからと、おおむね理解をしてくれますが、相当の苦痛であることは事実です。

　業者側の立場にいると、頭でわかっていても、なかなか実感がわかないものですが、自分が逆の立場になって体験するとよくわかるものです。隣同士のことだから、音が出るのはしかたがないと納得している隣家でも、いざ騒音が出始めると、いつ音がなくなるのか、いつまで続くのか、と イライラが次第につのってくるものです。特に受験生がいる家庭では、その思いは強くなります。

　騒音がいつになったら無くなるのかがわかれば、その間だけの我慢として、あまり問題化することはありません。**終わりがわかれば、我慢できる**ものです。したがって、音が発生する作業の場合は、作業時間を明確にして、作業現場に表示するなど、近隣対策を行うこ

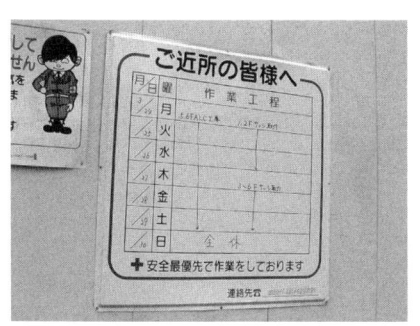

今週の工事予定を掲示します

とが大切です。それほど長い期間ではないので、対応可能です。

　重機を使用する場合、ガードマンを置くことは、通常になってきました。近隣住民の安全と、歩行や車の通行に支障がないように注意します。

　住宅建設において、上記のような対応・管理をしていれば、近隣住民から騒音のクレームを受け付けたとしても、受認の範囲内として対応できます。**工事の音以外のラジオ騒音や、職方の大きな話し声などは、当然不可**です。なくさなければなりません。

工事の音よりも、ラジオがうるさいのよね！

　建物の施工進捗において、"外部仕舞い"を優先します。つまり早めにサッシ・ドアの取り付け、外壁などの工事を優先し、音が外部に漏れにくくします。建物内部での工事の騒音が外部に漏れないようにするという配慮です。

🔔 工事中の騒音による第三者への償い

騒音による問題が生じた場合、建築主に責任はありません。問題解決には企業側が全責任を負って当たることになります。建築主側の指図によって生じた場合は、建築主も責任を負います。この場合であっても、企業側が責任を免れるものではありません。

🔔 騒音の目安

55ホンが目安と考えますが、建設する住宅の環境によって大きく異なります。閑静な住宅地と、繁華街や交通量の多い場所とでは、目安となる基準が変わることになります。目安となる数値は、地域によって定めがある場合もありますので、注意してください。音の問題は、人により感じ方が異なるのも難しい点です。

🔔 騒音紛争の傾向

騒音による紛争の多くは、基準より1デシベルあるいは2デシベル高いといった数値よりも、多くは業者側と近隣住民の相互の関係が原因で、発生音の評価のあり方を巡って争われることが大半です。

外部仕舞い後の釘打ち機使用

❑ **CHECK**

騒音対策は外部仕舞い優先　ヨシッ！

4 工事中の近隣からのクレーム

4-6 建物の配置を変更しろ

　建物の配置は、法規に適合しているという前提で建築主と協議し、合意した上で、建築するわけですから、このようなクレームを受け付けた時には、既に建物は着工が済み、場合によっては基礎以上ができあがっていることも多く、対応は難しいものです。

　工事を請け負った以上、図面通りに配置することが当然ですが、クレームを受け付けた以上、何らかの対応が必要となります。「建築主が決めたことだから、工務店は関係ありません」では、通りません。

　クレームを言われたのには理由があるわけですから、クレーム申し出者の声をよく聞き、配置の何が不満かを確認した上で、解決策がないかを検討します。対応には誠意をもって当たります。明らかに無理と判断した場合は、はっきりと断ることも大切です。

　建物を境界からもっと離してほしい、リビングが覗かれる、ガレージを反対側にするようになど、最近の住民の要求は厳しくなる一方です。

　近隣クレームの特徴は、直接建築主にクレームをつけずに、工務店にクレームを付けてくることです。しかしながら、このような**近隣クレームは、建築主の問題であって、工務店だけで解決できるものではありません。**

　必ず建築主に受け付けたクレーム内容を伝えて、建築主のしっかりとした意向を確認した上で対応することが大切です。中途半端に業者だけで解決しようとすると、却って問題を大きく、複雑にするだけです。

隣人から建物の配置変更の要求がある場合は、異常な要求であることがほとんどであり、結果的に断ることが大半です。建築主は無理な要求に気分を害し、将来にわたって隣人と良好な関係を構築することが難しくなります。

> 建物を向こうへずらしてもらえないかしら？

> もう基礎着工してますよ！

□ **CHECK**

配置移動は、対応に誠意　ヨシッ！

4-7 片付け・養生をしっかりしろ

　"養生"という言葉は、建築ではよく使います。雨に濡れないようにシートで養生、傷がつかないようにベニヤで養生、台風の風で飛ばないように養生、などです。

　養生は、現場で"4S"と呼ばれる**整理・整頓・清掃・清潔**と関連付けられます。養生がしっかりとできていると、現場の見栄えがよく、品質も高まり、建築主の満足度が高まります。適切な養生によって、クレームは減少する傾向にあります。

　住宅現場では、片付け・養生のレベルを見るだけで、工務店のレベル、職方のレベル、監督のレベルなどが、大体わかります。そしてその判断は大体当たります。

住宅の新築工事がなされる場合、その現場がひどい養生の現場だと、当然隣地の住人はひどい目にあうことになります。

住宅現場では、4S・片付け・養生などの質は黙っていると劣化していきますから、工事管理者は何度も注意することが必要です。

　工事管理者や多くの職種の責任者が注意することを怠ると、現場では即、不安全状態・不安全行動が発生すると、昔から言われています。

　工事管理者が注意することなく、放置された現場においては、職方は敏感に反応し、現場のS（安全）・Q（品質）・C（コスト）・D（工期）・E（環境）のすべてのレベルが、低下していきます。レベルを上げていく場合の速さは遅いですが、下げる場合の速さは早いです。工事管理者の対応により、大きく変わる部分です。

人は少しでも楽をしたいわけで、注意しなければ、その程度で良いと勝手に判断してしまうものです。注意しないと承認されたものと勝手に判断して、通常作業にしてしまうものです。

　面倒くさくても、工事管理者は、何度も注意を繰り返さなければなりません。多くの住宅現場を掛け持ちする工事管理者にとって、同じことを何度も言うことは苦痛ですが、割り切ることです。

　逆に、養生のレベルの高い現場は、他の面でもレベルが高く、任せておいて順調に進行します。管理者が一人で、毎回対応し続けることも難しいので、職方を集めて教育する機会を設けるといった、システム化をすることも重要です。

❏ CHECK

現場の養生は、作業の基本　ヨシッ！

4-8 職方のマナーが悪い

　住宅の場合は、監督・管理者は常駐していないケースが大半です。したがって、近隣住民との接点は、現場で常時仕事をしている職方になるケースが多くあります。

　職方は自らの仕事を優先しています。近隣対応は自分の仕事ではないと思っていますし、また口下手な職方も多く、近隣住民への対応は雑な回答になりがちです。したがって、職方に対しては、会社の窓口であるとの意識付けが大事です。絶えず近隣住民への対応方法を指導監督します。実際に「職方の態度が悪く、怖くて前を通れない」「ラジオの音が大き過ぎると注意したら睨みつけられた」といったクレームもありました。

教育の大事さは、対近隣住民だけではなく、建築主への対応の場合であっても同じです。しかも建築主は工事管理者の百の言葉よりも、職方のたった一言を信用します。そして**職方の行動で、会社を評価する**ものです。

　建築主や近隣住民は、建物や会社ではなく、実際に現場で作業する職方や、工事関係者を評価します。**企業は社員の教育を行う以上に、職方の教育を行う方が、より重要**であることを認識する必要があります。

> 職方の一言 ＞ 監督の百の言葉

になりますから、職方への教育は重要です。

近隣住民は、"通常の人"としての、常識を求めます。

　例えば、会うと挨拶することは、常識の範囲内だと考えます。喋ることが苦手な職方が多いことは事実ですが、挨拶程度はマナー教育で対応できるものです。それ以上の余計なことは、言う必要がありません。逆に仕事もせずに、喋ってばかりでは嫌われます。

　タバコを吸わない人が増えていますので、タバコを吸う職方も喜ばれません。**建物外の喫煙指定場所か、車の中で吸うように、はっきりとルール化**します。大手ハウスメーカーでは、**現場内全面禁煙**が通常です。くわえタバコで作業することは、現在では通用しません。タバコの吸殻が現場に一つでも落ちていたら不可です。昔は通常に認められていたことですが、今では大きく様変わりしました。タバコほど、扱いが劇的に変わったものはありません。

作業終了後は、職方全員で片付け、清掃します。全員で行うことがポイントです。建物内は当然ですが、敷地内や前面道路も清掃します。近隣の人に清掃している後姿を見せておくと、管理の良さをアピールできます。必ず高い評価につながります。そして仮囲いに施錠して帰ります。

> ▷近隣住民から嫌われる職方とは
> ・挨拶をしない
> ・言葉使いが悪い
> ・タバコを現場内で吸う
> ・養生が悪い
> ・作業後の片付けが悪い
> ・図面や道具を置いたまま帰る

外部喫煙指定場所表示　　　雨にあたり、タバコの吸殻から悪臭

🛈 近隣配慮のチェックポイント

　住宅建設現場で、近隣からのクレームが発生するということは、多くは工務店の近隣住民への配慮不足に起因しています。

　隣に家が建つ場合、従来と環境が変わるのですから、工事中の騒音や工事車両の問題は当然としても、採光・眺望・環境変化など、隣家の住民にとっては、大きな影響を受けることになり、不安が生じます。

　家を建築する以上、工事中近隣に迷惑をかけることは事実なのですから、近隣の住民にかける迷惑を、いかに少なくできるかは、工事管理者の考え方、対応にかかっています。工事する側と逆の立場で、自分が実際に体験すると、近隣住民の気持ちが理解できます。

　近隣住民の方は、住宅を建築するために、工事中の騒音や、工事車両の迷惑をこうむることは、ある程度理解しています。住宅建設における騒音・眺望・日照などに関する裁判の判例においては、近隣住民の受認義務の範囲とするケースが多いです。クレームとなるのは、騒音・駐車・ゴミ・埃などが予想以上であり、我慢ができないことによるものです。

　近隣紛争のすべてに共通しているのは、近隣への配慮不足と、工事関係者の挨拶（工事前・中・後）ができていないことです。

　誰のためにするのかを考えてみますと、次の項目を行えば、自分の仕事が楽になるのです。近隣住民が安心し、会社と工事関係者を評価します。近隣住民から不満がでない、さらに高評価なら、最終的には建築主が満足します。逆に、近隣クレームが発生すると、建築主の満足感はなくなります。

▷工事管理者のチェック事項
①工事に関する関係官公庁の許可証を現場に提示しているか
②現場責任者・連絡先を明確に外部に表示しているか
③挨拶・言葉使い・マナーなど、職方への教育を行っているか
④作業日・作業時間を説明したか、表示しているか
⑤近隣住民に作業工程などがわかるような配慮をしているか
⑥工事用車輌の駐車場は確保したか。駐車場所は決めているか
⑦仮囲いは適切か。外部からの侵入対策はできているか
⑧防護シート・仮設足場が正しく取り付けられているか
⑨仮設トイレは、近隣への配慮をして設置しているか
⑪ゴミ箱のゴミを定期的に処分しているか(満杯にしていないか)
⑫道路上に資材を置いていないか
⑬現場の整理整頓ができているか
⑭現場の前の側溝に泥・ゴミがないか

▷設計者のチェック事項
①敷地の高さ：高低差のバランス
②外観：地域性への配慮・近隣建物とのバランス
③日照：日陰側になる建物への、建物配置・高さなどの配慮
④境界からの建物の距離
⑤窓の位置：面しない工夫
⑥換気扇などの排出口の位置・方向
⑦設備機器の屋外設置位置・排気方向

❏ **CHECK**

職方のマナー教育徹底　ヨシッ！

4-9 窓が隣接していて困る

　隣人は、隣にどんな建物が建てられるのか、日当たりや風通しが悪くならないか、といったことを大変気にかけています。今までは何も建っていない空き地だったので、日当たりも風通しもよかったわけです。そこに建築されると大きな影響を受けることになります。「今までが良すぎたんだ。隣に家が建つことは想定内のことで、隣人の当然の権利だ」と考えてくれる人が通常は大多数ですが、中には先に建てた自分の権利だけを強硬に主張する方もいます。

　このような隣家の気持ちを理解して、施工には充分な管理を行う必要があります。日本人の土地への思い入れは大変なものであることも、工務店側は認識しておく必要があります。

　近年、特に住宅の敷地は狭小化しています。また、最近の住宅には、大きな開口が設けられることが多くなっています。したがって住宅を建築する場合、どうしても隣の家の窓と、同じ位置に接するケースが多々あります。

　リビングの窓に、台所の窓や便所の窓が面したら、多分隣家の方は、クレームを申しいれたいと思います。言うか言わないかは人によります。できるだけ窓の位置をずらすなど、**設計時点で配慮していないと、この問題はなくすことができません。**また問題が発生しても解決が難しいものです。

　設計段階で、これらの問題を話題にしておけば、万一隣地からクレームがついても、建築主側は心の準備ができていることになり、対応は楽になります。

　プロである工務店側が、事前にアドバイスすることが本来です。

決定権は建築主にあることには変わりありませんが、採用されなくても、提案することが評価されるのです。

　結局、隣人との話し合いにより、窓に目隠しを設けたり、外構工事で、塀の高さを高くしたりして、何らかの対応を施工途中で行う場合が多いです。建築主側は隣人からのクレームにより、一気にモチベーションが低下します。解決できずにもの分かれになり、近所つき合いをなくす場合もあります。

　入居後に、双方ともがお互いに、窓をあけることができずに、雨戸を閉めっぱなしという場合もあります。窓が隣接する問題は、東西間の場合にこの問題がよく発生します。南北間の場合は、建物間に相当の距離がありますので、問題になることは少ないからです。

参考までに、民法235条（境界付近の建築）では、次のように定めています。

　「境界線より1m未満の距離に窓や縁側を設けた場合は目隠しを設けなければならない」

　したがって、1m未満に窓を設けたら、隣家から目隠しを付けるよう請求される可能性があります。

❏ **CHECK**

窓の位置は設計配慮　ヨシッ！

4-10 境界から建物が近すぎる

　境界からの建物距離は、民法234条（境界付近の建築）では、50cm以上の距離を設けるよう定められています。したがって、50cm未満の場合は、隣家の同意を得る必要があります。同意を得ずに、50cm未満で建築した場合は、隣家からいつ指摘されたかが問題になります。

①工事着手後に指摘
　配置変更の必要性を検討します。
②建物の形ができ上がって相当の期間が経過してからの指摘
　隣家がいつの時点で50cm未満であることを確認できたかが問題です。充分確認できる時間があった場合は、損害賠償の対応を検討し、足場ネットなどで確認できなかった場合は、配置変更の必要性を検討します。
③建物完成以降の指摘
　損害賠償の対象です。

　長屋で、片方を解体して、建て替える場合があります。境界線に相当するのは、構造体である隣家取合いの柱の中央になります。隣の建物が残るために、境界の柱を残すことになり、柱幅寸法の半分と、仕舞いの仕上げが出てきます。約10cm分、境界からはみ出ていることになります。境界オーバーになりますが、やむを得ません。隣人が建て直す際に正常になります。この場合には、以前から50cm確保していないわけであり、新築する場合でも、施工可能な範囲で縮めて施工することが通常であり、隣人も納得しやすいです。

> 随分と接近してくるのね！
>
> 役所の許可をもらっていますよ！

地域によっては、慣習的に隣家間距離が 50cm 未満の場合があります。この場合は、その慣習によって 50cm 未満であっても認められます。ただし、慣習とはどの程度を指すかは周辺地域の状況によって異なります。

　建築に関わる人は、隣地間距離が 50cm 以上必要であることを承知しています。しかし 50cm とはどの部分の距離をさすかが問題です。

　単純に壁面と思うと間違いです。敷地境界線と、建物に付属する固定した（簡易または可動するものは除く）窓枠・雨戸枠の面までの距離とされています。

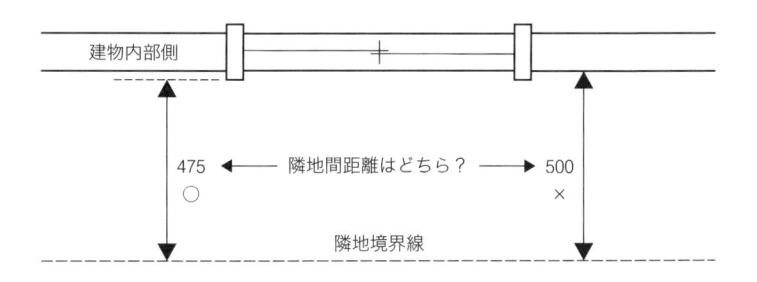

```
建物内部側         ┃━━━━━━━┃
                ↕
               475  ←― 隣地間距離はどちら？ →  500
                ○                              ×
                                               ↕
               ─ ─ ─ ─ ─ ─ 隣地境界線 ─ ─ ─ ─ ─ ─
```

町中の狭小地では、お互い様

□ **CHECK**

隣家の建物距離 50cm 確保　ヨシッ！

4-11 境界付近の機器が迷惑

　日本の住宅では、建物を配置する際の考え方で、なるべく日当たりのよい南面を広く確保して、北側に寄せる傾向があります。さらに東・西面のどちらかに、法令の範囲内で、寄せることが通常です。スペースとしてまとめる方が有効利用できるため、敷地の中央に建てることはありません。広大な敷地ではなく、まちなかの狭小地で建築するわけですから無理があります。

　その結果、境界線の北側や東西のいずれかに設備機器を設置するケースが多くなります。エアコンの室外機や給湯器などです。出窓が出たり、物を置いたりもします。まちなかの狭い敷地では、少しでも有効利用して、目一杯設置します。新たに新築する建築主の立場から言えば、最も目立たない場所で、あまり使用しない場所に、設置したい気持ちは当然のことです。

　建築主側から見えなくても、隣家の立場で見ると、全く逆になります。隣家側から、なるべく建物を離して、広いスペースを確保して、そのスペースに何も置かないのがありがたいわけです。

　設備機器の騒音や排気の問題で、隣家よりクレームが付く場合があります。エアコンの室外機の音も、感覚の問題ですから、気になりだすと気になります。音の問題は、やかましいと感じれば、やかましいもので、常に解決が難しいです。

　近隣の建物の状況を事前に把握しておけば、設置場所も最も無難な位置にすることができます。また隣地からクレームがつく可能性があることもアドバイスできます。事前に話題にしておけば、想定されたことになり、大きな問題になることは少ないです。

近隣に充分に配慮した計画にしても、隣家に近い場所に設置しなければならない場合もありますが、その場合は充分検討した結果をもとに、隣家に対抗してもよいと考えます。ただ単に「建築主が言うから」ではダメです。

□ **CHECK**

設備機器の騒音・排気　ヨシッ！

4-12 通行していたら道路に資材が出ていてケガをした

　怪我をしたと主張する側は、怪我をした場所・日時、病院に行った事実、治療を受けた事実、費用が発生した事実などが簡単に立証できます。一方、クレームを言われた側は、発生状況・因果関係を含めて、**怪我の責任が、現場によるものではないと、立証することは難しい**ものです。

　第三者の怪我といったクレーム対応は、大変難しいものです。工事中の材料や廃棄物が、道路に飛び出している状態では管理不行き届きになります。

　現場の敷地外の道路や側溝に、何かが飛び出ているのは不可です。公共スペースを勝手に占有してはなりません。一時的なものであっても配慮が必要です。ましてや材料や廃棄物を長期間道路に置きっぱなしでは許されません。敷地が道路面よりも高いのが通常ですから、敷地から土が道路側溝に流れ出ることも不可です。道路境界・隣地境界を超えて、勝手に侵入してはなりません。

● 道路境界の場合：

　短期間の場合（レッカー車やコンクリートポンプ車を道路に置いて施工する）は、道路使用許可申請書を警察署長宛に提出します。

　長期間の場合（工事期間中、道路に仮囲いを設置する）は、道路占用許可申請書を道路管理者宛に提出します。

● 隣地境界の場合：

　隣地所有者の許可を申し出ます。

▷対応方法

　怪我をしたとの申し出を受け付けた場合は、次の通り対応します（本人に会えないような怪我はまた別問題）。

①怪我へのお詫び：
・なるべく早くお詫びに伺う（本人に会う）。
・お詫びをすることがすべての責任や要求を認めるものではない。
・工事現場には、勝手に怪我をしたと言い出すやからもいることは事実です。まず怪我をした本人に会い、怪我の状況を確認することが重要です。
②怪我の発生場所・日時・怪我の程度の確認。
③今後の対応について表明する。過大な約束をしない。
　（×例：できる限りのことは何でもします）
④要求の確認、申し出の内容を確認し、すぐに記録を作成する。
⑤実費（客観的事実）以外の金銭要求には、金額提示を行わない。
⑥交渉までに、予め弁護士と協議し相談しておく（交通事故の算定方法によるものが、最も検討しやすい金額）。
⑦要求に応じて弁護士対応を通知する。
⑧現場作業の安全は重要ですが、それ以上に近隣及び第三者に対する安全への配慮は必要です。
⑨必ず和解書を取り交わす。

❏ CHECK

道路へのはみ出しなし　ヨシッ！

コラム 3

サンクコスト

　無駄だとわかっていても、既に投資した金額・時間・労力がもったいないという理由で、計画を続行させることがあります。諦められないという心理です。サンクコストとは、回収不能になってしまった投資のことです。損失が増大することが明白にもかかわらず、これまでに使った費用・労力を惜しむあまり、投資を継続し、計画を中断することができないという現象はよくおこります。そして損失が拡大していきます。重要なことは、既に使った投資に対して固執するのではなく、将来のコストと利益に目を向けるべきです。

　例えば、新たな店舗展開のために設備投資を行い、既に1000万円をその店舗に投資しました。このとき業績が悪かったとしても、「これだけお金を使ったのだから、後には引けない」と考えてしまいます。立ち上げた店舗を閉鎖したら、使ってしまった1000万円は、確実に損をします。ひょっとしたら回収できるかもしれません。しかし回収できることはなく、店舗を継続することにより、損失がさらに拡大するだけです。このときの1000万円が、サンクコストになります。

　ビジネスでは、サンクコストを意識してはいけません。単なる授業料だと割り切って、うまくいかない事業は早めに見切りをつけることが賢明です。サンクコストは無駄になりますが、努力は無駄になりません。経験を活かして、他のことで成功すれば良いのです。サンクコストは、将来必ず役に立ちます。サンクコストを惜しまずに見切りをつけ、失敗経験を将来に活かすことが重要です。

第 5 章

建物に関するクレーム

5-1 ボルトがずれているのでは？

　ボルトのずれによるクレームは、土台を据えた後に発生します。不具合の量や、不具合による影響、是正の必要性の有無、構造の安全性確認などの検証を行った後に、修正・対応方法を検討し、回答することとします。
　対応方法は、

> ①安全性を説明し、部分補修を行う
> ②同等強度になる補強を追加する
> ③やり替える

のいずれかの対応となります。
　①②の対応の場合には、なぜ補修や補強でよいのかを、計算書・理由書などを提示して、後日問題とならないようにしておくことが重要です。必ず提示資料及び打ち合わせ記録に残しておきます。
　③の「やり替える」については、金額・工期・その他への影響の大きさを充分検討した上での対応になります。単に悪いからやり替えると、今後の作業でも同じ対応を要求されます。
　ケミカルアンカーの追加施工など、基礎のやり替えではなく、通常に対応可能なものであり、工事を中止して、対応後に工事を再開すべきものです。既に工事進行の段取りが済んでいる場合が多いですが、**問題を先送りして、工事を進行してはいけません。**工事をストップする勇気が必要です。工事が進めば、対応がより難しくなります。

いずれにしても、基礎に関連する部分にクレームが発生したら、工事管理者は、引渡しまで気を抜くことができません。よりレベルの高い管理が必要になることを理解してください。

アンカーボルトは、昔はいわゆる"田植え"型式で、コンクリートを打設してから、差し込みました。つまり、大体の位置に、アンカーボルトを差し込むのです。鉄筋などにあたると、一度抜いて、少しずらした位置に適当に差し込みました。それで問題ありませんでした。

アンカーボルトの位置が厳しくなり、コンクリート打設前に、アンカーボルトの適正な位置に事前に設置しておくことになりました。当然、図面段階でmm単位の正確さで位置を指示する必要があります。"専用治具"を作成し、適正な位置と高さに設置可能となります。ここまですると、アンカーボルトのズレは発生しません。

アンカーボルト設置治具

❏ **CHECK**

アンカーボルト治具設置　ヨシッ！

5-2 構造材料が雨に濡れた

　上棟には2〜3日は要しますので、その間に雨が降れば、養生をしていたとしても、構造体は濡れることになります。雨に濡れたからと言って、何ら構造体に影響するものではありません。

　建築主の気持ちとすれば、雨に濡れない方が良いことは、事実です。雨に濡れても問題は無いことを、工事前にはっきりと建築主に言い切ることが大切です。雨濡れ後の説明では、単なる言い訳と解釈されますので、工事前にしなければなりません。木の特性に関する資料・文献など、客観的なものを基に説明するようにしてください。**日本の気候では、上棟中に雨に濡れないことを保証しにくく、雨に濡れる可能性の方が高いのです。**

> ウチの家、濡れっぱなしじゃないか！

> 情けない！何か格好悪いわね。

ただし、明らかに雨が事前に予想される場合は、建築主に連絡して、上棟日を変更することも重要な対応方法です。このような配慮は誠意として評価してくれることが多いです。

　この写真は、2×4工法の上棟ですが、上棟した後、わずかの雨養生ブルーシートだけで、雨に当たっていました。誠意のあるシート養生とは言えません。雨は続きましたが、そのまま放置されていました。建築主としては、気持ちの良いものではありません。明らかに工事関係者の配慮不足を感じました。

　雨に当たっても問題はないと説明しても、建築主が理解してくれるとは限りません。あくまでも構造材の取り替えを要求して、対応を求めてこられる建築主もいます。構造材の取り替えは過剰対応です。対応せざるを得ない場合は、関連部署と協議し、範囲・方法などを決めてから、建築主対応となります。一度過剰対応をすると、次も更なる過剰対応を要求されるリスクがあります。争いに発展して、工事をストップせざるを得ない場合もあります。

雨に濡れて基礎に木部のアクが垂れています

上棟途中に構造材が濡れたことにより、すべて取り替えてほしいとのクレームを受けたことがあります。木は問題ないことを理解しながらも、濡れたことに対して、取り替えてほしいとの主張を繰り返され、部分取り替えした例はあります。雨に濡れると、木部のアクが基礎に垂れて、見苦しくなります。建築主からはよく、基礎の鉄筋が錆びていると言われます。鉄筋はコンクリートの中に完全に入っており、雨に濡れて錆びるはずはありませんが、とにかくイメージが悪いのです。建築主に対し、雨に濡れても問題はないと、工事前に説明しても、納得しない場合もあります。そのときはコストをかけて、特別に段取りすれば、濡れないようにできます。

> 基礎から鉄筋の錆びが出てきてるわ！

> 本当だ。監督は何してるんだ！

❏ **CHECK**

上棟のシート養生徹底　ヨシッ！

5-3 構造材に傷があるのでは？

　構造体に傷や切り欠きなどの断面欠損があると、建築主は不愉快に感じます。断面欠損がない方が構造的に強いと感じます。工務店側からすると、大した断面欠損とは感じませんが、建築主側からすると、大きな断面欠損であると感じます。**感じ方は立場により全く異なるのです。**

> これは切り損ないですよ！嫌がらせですか？

> 確かに断面欠損になりますから、補強します！

　構造的に弱くなったであろう分を、金物で補強するなどの方法により、追加して対応することが一般的です、中には、構造計算をして、安全性を確認しろと要求されますが、工務店にとって、構造計算（自社ではできない場合が多く、外注になる）の実施や、認定を取得せよという要求はハードルが高く、事実上不可能です。金物を

追加することは、対応可能であり、通常の補強方法となります。

　構造体がすべて化粧仕上げの場合で、下階の天井がなく、上階の床材自体が下階の天井仕上げを兼ねる場合などは問題になることがあります。大工は納まりを考えて、柱に欠き込みを設けて、床材を差し込みました。できあがった後で、見た目にはきれいな納まりです。大工としては、回縁・幅木・ヒモ打ちといった納め方ではなく、気を使った施工法をしたつもりです。

　しかし、柱の断面欠損が問題となりました。建築主側の目で見ると、確かに断面欠損が大きいです。構造が弱くなったと感じます。事前に説明しにくいところで、現場を見て始めて問題化したのです。

　化粧仕上げをする場合には、建築主の希望かどうか、音の問題(天井がない分、上階の音は下階に伝わりやすい)、同じ仕様の施工現場

を見せるなどの配慮が欲しかったという結果になりました。

　建築主の要望ではなく、設計者の強い要望で、化粧仕上げを採用する場合もあります。そういった場合、一般的に建築主は説得されてしまいます。一言で言えば、コミュニケーション不足です。建築主の納得を得るための充分な説明が必要でした。多くの現場を担当する忙しい状況では、充分に時間を確保して説明することが難しいのです。1から10まで全部を説明できないからこそ、図面・仕様書・見積りなどがあるのですが、建築主は理解できていません。建築主から質問がない場合には、スルーしてしまうことも事実ですが、心しておきたいところです。

　特殊な仕様にする場合には、充分な時間を確保して、丁寧に説明し、建築主の納得を確認しておく必要があります。

❏ **CHECK**

構造材の断面欠損を最小に　ヨシッ！

5-4 梁や柱に足跡がついている

　建築主からは、比較的多く指摘を受ける事例です。降雨中や雨上がりに仕事をする職方の足跡が原因の大半です。仕上げ材と違って、下地材の上から仕上げをするのですから、最終的には見えなくなると思って、材料の上を歩いてしまいます。構造的に耐力が低下することはありませんので、泥がついても、そのまま放置されやすいことが現実です。職方としては、見えない部分より、見える部分に力を入れることは当然ですが、足跡は気分がよくありません。気持ちの問題です。

　上棟から造作完了までの間に、相当の期間があるわけですから、建築主でなくても、下地に足跡が付いていれば、誰でも悪いことがわかります。職方の人間性によるバラツキで、拭き取る配慮があるのかないのかの問題です。この事例も、立場の違いにより感じ方が異なります。このクレームは、工事管理者の全面的責任です。日頃からの業者指導によって解決できることです。

　実際に、梁に泥の足跡が付いていることが原因で、工事が一旦中断し、断熱材を取り外して、建物全体点検にまで発展した例があります。最終解決は、泥のついた梁を拭き取ることになりました。

　小屋裏空間など、見える部分、人の手が届く範囲では、対処可能ですが、見えない部分も調査せよ、という無理な要求が出ることもあります。無理な要求であることは、建築主も承知していますが、信用を失うと、要求したくなるものです。管理が良ければ、発生しなかったクレームです。

　クロス仕上げの下地である、石膏ボードにつく、ボードの白い粉

による足跡についても同様です。

> ウワッ！足跡がついてるわよ！

> アノ大工、嫌がらせをしてるんだよ！

　工務店は、建築主に対し、同じようなレベルのハード面の建物品質を提供し、同じようなレベルのソフト面の建築主対応をしても、建築主側の評価は、大きく異なります。満足する建築主もおり、不満足な建築主もいます。

　良い仕事をすれば、必ず建築主が満足するとは限りません。悪い仕事でも満足する場合もあります。レベルの高い建物品質・建築主対応を行ったとしても、**さらに高度な要求になる場合もあります**。優秀な工務店ならクレームがないとは限りません。ここが難しいところです。

❏ **CHECK**

| 上棟後の構造材の汚れなし　ヨシッ！ |

5-5 柱・梁のボルトがゆるいのでは？

　住宅現場で取り付けるボルト類は、多数あります。1本がゆるんでいることを発見すると、建築主はすべて締まっていないと判断します。構造の不信は、今後の仕事すべての不信につながります。構造にクレームが発生したときは、ボルトを締めたことを確認し、確認できるスプレーなどの印を、すべてのボルトにつけて、建築主に確認します。構造体については、安心いただくことが大切です。

　確認した箇所は、スプレーで色を付けるとか、図面に該当箇所をすべてチェックするとか、アピールする工夫をして、建築主に説明します。誰がいつ、現場で構造確認したかを、工事管理者用図面にメモしておくことも必要です。

実際に、ボルトの締め方が悪いとして、構造全体の不信につながり、工事途中で解約になったケースがあります。

　木材は工事中であっても、構造材の含水率20％という基準からして、気乾状態の15％まで、乾燥収縮は当然に進行します。つまりボルトナットは緩むことになります。大きな断面の構造材料を使用するほど、より多く緩むことになります。

　木材には、空気中の湿度が乾燥していると湿気をはきだし、湿度が高いと湿気を吸収する"調湿作用"と呼ばれる性質もあります。ボルトナットには、"増し締め"が必要となります。

> これだけの隙間は不安ですよ！

> ナットを増し締めして、金物は取り替えます！

> 金物は破壊しています。ナットは締ってませんよ。

　クレームが多く発生するといった経験から、ハウスメーカーの多くは、木材に無垢材料の使用を少なくし、集成材に変更しました。集成材は、無垢材と比較して、薄い材料を接着剤で張り合わせるた

めに、乾燥の程度がよく、含水率が低いからです。つまり狂いはゼロにはなりませんが、少ないのです。

　無垢材を使用する場合には、建築主に対して、事前にリスクをよく説明する必要があります。狂いを気にしなければ、味わいのある材料ですから、玄人好みの材料と言えます。**狂いを一切許容しない建築主がいることも事実**ですから、その場合には、無垢材ではなく、集成材を採用する方が、狂いが少ない分、無難な選択と言えます。建築主に説明の上、納得したとしても、現実に入居後に狂いが生じると、クレームになることもあります。

　造作材の中で、サッシ額縁や建具枠があります、昔は無垢材を使用して、現場でニスを塗装していました。それなりの頻度で、反りや節を理由に、クレームがつきました。工務店側が無償でやり直し

をすることになります。

その後、合板下地に化粧単板を張った材料に変わりました、現場でニスを塗装することは同じですが、材料自体の節・狂い・反りなどの欠陥は少なくなり、クレームは減少しました。

それでもたまに発生するクレームに対策をとるために、合板下地に化粧の塩化ビニル樹脂フィルムを張ったものが採用されました。木目を樹脂に印刷したものです。現場でニスを塗装することも不要になりました。初めて材料を見たときは、変な意味で、感動しました。"木もどき"そのもので、"純粋の紛い物"です。このような材料では、建築主からクレームがつくのではないかと、工事関係者の多くは嫌がりました。工事関係者からすると、クレームが増えそうなことは嫌です。ところが驚いたことに、クレームはさらに減少したのです。**造作材が、木材という農林産物でなく、工業製品に進化**したのです。木製材料の革命です。確かに狂いはほとんどありません。当然、木材の味わいもありませんが。

大多数の日本の工業製品は、世界的に優秀な品質を認められており、現実に評判よく、売れています。ただし、日本製の建築材料だけは、まったく売れないそうです。合板に木目を印刷した樹脂を張った材料では、購入時が最高で、あとは劣化する一方です。世界の人から見た感性は、合板に樹脂を張った造作材では、受け付けられないのです。評価するのは、日本人特有の現象のようです。日本の常識と世界の常識がかけ離れている例です。

❏ **CHECK**
ボルトナット増し締め　ヨシッ！

5-6 構造材にヘンな穴が開いている

　建築主は、構造材（柱・梁など）に事前に穴を開けて納入されていると、当然の準備作業として問題にも感じないのですが、後から作業する電気業者や水道業者が、現場で柱や梁に穴を開けると、本当に正しい仕事なのかと不安になります。心の中では不安で仕方がないのです。その不安が、梁に大きな穴を開けたというようなクレームとなった場合には、対応にはしっかりとした裏付けが必要です。

> 構造的には問題ありません。見栄えを改善します。

> こんなの格好悪いですよ！

　もし、構造に問題があると判断したら、建築主に理解していただき、その部分を解決するまでは、決して隠蔽せず、資料を含めて理解していただく努力を行います。補強が必要な場合は、補強方法を建築主に提示し、納得いただいた後に工事を進行します。

実際に、2階の洗面所の排水パイプを、2階床梁の中央部分に100mm φの穴を開けて通していたため、梁の取り替え要求となり、最終的に梁の補強と排水経路の変更で対応した例があります。

> アナタ！
> 土台に穴をあけてるわよ！

> 次から次から
> 問題が出てくるね！

　工務店を信用しない建築主が、床下にもぐって土台に穴が開いているのを発見しました。土台に配管を通すために穴を開けているのですが、「土台の断面欠損となって、構造体にダメージを与えているから」と、取り替えを要求されました。基本的にはプレート金物類で補強することになります。

　できあがった建物に対し、わずかの不具合を理由に、建て直せということは過剰な要求です。比較的軽微な瑕疵について、著しく過分の費用を要する補修工事を請求することはできません。

　次の写真では、電気配線を通すために、構造材に穴を開けていま

すが、「必要のない穴をなぜ余分に開けるのか」と追及されました。金物を追加施工して補強することを提案しましたが、構造計算によって、安全を確認して証明せよとのことで、話がつきません。相当の値引きを要求されました。構造が弱くなった分、施工に配慮されなかった迷惑分、解決まで時間がかかったための工期遅延分などを要求されました。建築主と工務店がトラブルになると、**工務店がメンテナンスをしなくなりますので、建築主にもマイナスです。**良好な関係の継続が必要ですが、主導するのは工務店側です。コミュニケーションが良いと、問題点も早く察知できますので、比較的対処可能となります。

❏ **CHECK**

構造材のドリル穴あけ注意　ヨシッ！

5-7 室内の養生が悪いのでは？

　養生の悪さに建築主が気付くのは、ほとんど竣工前（工事中は床を養生材で覆っているため、気付かない）です。傷が軽微な内容であれば、補修もできるのですが、それも量によります。軽微なものでも多くあれば最終的にはほとんどが貼り替え、取り替え対応になります。いくらでき映えが良くても、養生が悪ければ、すべて台無しです。「傷がついたものは、要らないから、壊して持って帰れ」という厳しい言葉が出ます。

　工事管理者は、仕事のでき映え以上に、工事中の養生を管理してください。このクレームは、現場管理の方法で、撲滅できるものです。

対応方法としては、建物の進行状況、傷の程度・数など内容次第で異なります。会社としては、正しい姿でお引渡しをする以外に対応方法はありません。**金銭解決をすると、次に問題が発生したときに、また金銭解決を求めてこられます。直す以外に解決はないと承知してください。**

　住宅現場では、建築主の見方によって、アラを探せば100％確実にアラは出てくるものです。多少のアラは、コミュニケーションが良く、信用されている場合には、許されることも多いです。コミュニケーションに難があると、問題点の把握が遅れ、解決により多くのお金・時間・エネルギーが必要となります。結局、**クレーム対応はコミュニケーションに大きく依存することになります。**

　虫眼鏡で住宅を見るような、厳しいクレームは別問題です。建築

はせいぜい「スケールで測る世界であり、ノギス（0.05㎜まで精密に寸法測定できる器具）で測る世界ではない」「ミリの世界であり、ミクロンの世界ではない」とも言います。**建築には材料誤差と施工誤差が必ず存在**します。その誤差をいかになくすか、目立たないようにするかは、職方のウデです。上手な職方は、この要領がいいのです。

🍄 許容範囲

住宅で、建築主と瑕疵の問題で意見が異なる場合、「この程度は許容範囲です」という回答をしてしまいがちです。**許容範囲とは、事前に開示している基準の範囲内の場合**を言います。

許容範囲の基準が、社会的に認められている場合（国土交通省告示技術的基準）は使用してもいい言葉ですが、**建築主に基準を開示せず、社内の基準で勝手に「許容範囲」を使うことは不可**です。

住宅には、JISのような基準はありません。住宅は、機器のように製造工場で一貫して製造されるものではありません。屋外という環境下で、1棟ごとに建築場所が異なり、そして多くの異なる職方が行った仕事の集合体です。**屋外単品受注生産という特殊性から、バラツキが出る以上、悪さの基準という数値が開示できないのです。**

建築関係で権威ある文献は、数多くあります。しかし施工の不具合を前提としていないために、**許容誤差と誤差にみあった補修方法については、具体的に明示されていません。**

基準があれば、判断は簡単です。例えば、寸法が何㎜不足するまでは許容範囲で、それ以上の不足寸法何㎜まではどのような補修対応を行う、さらに寸法が不足した場合にはやり替え、というような

ことは定まっていません。

　現実的な対応としては、通常の目で見て、違和感があるものは補修しなければなりません。建築主が指摘したもので、補修可能かつ過大なコストがかからないものならば、補修することが多いです。意地をはらずに、うまく納めて、全額回収と建物引渡しを完了させてから、次の現場にとりかかるわけです。いつまでも一つの現場を長引かせるよりは、建築主の意向に沿って、多少の無理なら受け入れて対処し、完了させたいものです。

> ▷許容範囲の基準となる考え方の例
> 事例：化粧フロアの継ぎ目の段差について、建築主が悪いと指摘した場合
>
> ×回答：材料メーカーの段差基準の範囲内ですので、ご了承ください。
> ○回答：確かに気を付けて見れば少し段差はあるようですが、誰もが、気が付かない程度であり、そのことによって、他に何ら問題となる段差でもございません。許される範囲だと考えます。

❏ **CHECK**

養生不足による傷はなし　ヨシッ！

5-8 釘・ビスの間隔が粗いのでは？

　住宅に使用する外壁合板には、多量の釘を施工します。室内の壁・天井に張る石膏ボードには、多量のビスを施工します。原則的に間隔（ピッチ）は決まっていますが、機械打ちするために、いちいち間隔を測って、施工するわけではありません。間隔に若干ですが広いところと狭いところが生じます。建築主からすると、広い狭いがあると、どれが妥当なのか、不安になります。職方により、微妙な違いも生じます。これが、クレームの原因となりますので、工務店としての基準を定め、職方に徹底しなければなりません。

> ▷釘ピッチ
> ・木造軸組み工法の場合：
>   構造用面材に構造用合板を用いる場合には、JAS（日本農林規格）に適合するものとし、種類は特類とします。厚さは 7.5mm 以上で、釘の種類は N50、間隔は 150mm 以下とします。
> ・ツーバイフォー工法の場合：
>   外壁の合板の釘ピッチが規定されています。その規定とは、合板の外周部＠ 100mm、中央部＠ 200mm です。

　工務店としても、複数の元請の仕事をする場合や、工法が異なる仕事もしますから、基準の数値も異なることになります。詳細な数値を記憶していない職方もいます。職方によるバラツキもあり、職方のその日の気分も影響します。

これは工務店としては、大きなリスクになります。何千本という釘を施工するわけで、全く同じ間隔で、統一することは難しいです。建築主からクレームがついて、釘の間隔の真ん中に、1本ずつ釘を追加施工することもあります。

　建築主からのクレーム前に、**工事途中の段階で、釘のピッチを確認しておかなければなりません。これを"工程内検査"と言います。施工完了後の検査ではなく、職方が施工中に確認**します。

　基本的に、現場の施工において、自主検査・社内検査を行い、**不具合点を修正してから、次工程に進む方法が正解です。**検査をせずに、次の工程に進むと、一見効率よく見えますが、避けるべきものです。職方に対する教育効果としても、その仕事を完全に終わらないと、次の工程に進むことができないシステムにします。

　例えば、構造検査において、金物の施工部分と未施工部分がある、釘の施工部分と未施工部分がある、断熱材の施工部分と未施工部分があるなど、いろいろな状態をつくられると、工事管理がしにくくなります。住宅現場は監督が常駐しないシステムですから、施工完了を確認しないまま隠れてしまう結果となり、クレームの原因となります。

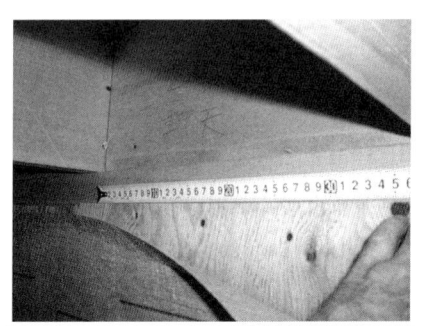

建築主からクレームがつき、軒裏天井をはがし、検証中

石膏ボードのビス間隔も同様です。

> ▷ビスピッチ
> ・木造軸組み工法の場合：
>   石膏ボード類の固定用ビスの留め付け間隔の基準は、軽量鉄骨下地・木造下地ともに、天井について、外周部＠150㎜、中間部＠200㎜程度。壁について、外周部＠200㎜、中間部＠300㎜程度となっています。
> ・ツーバイフォー工法の場合：
>   石膏ボード類の固定用ビスの留め付け間隔の基準は、壁・天井とも外周部＠100㎜、内部＠200㎜です。

ビスの間隔については、工法や出典により、規準に差があります。表現も「程度」となっています。決め方からしてややこしいです。

以前にハウスメーカーで、工事管理者を集めて、試験をしたことがあります。釘・ビスの間隔について、完璧に解答できた社員は80％以下でした。元請の監督が完全ではないのですから、現場では的確に工事管理ができずに、トラブルになる可能性があります。

工務店としては、工事管理者・職方に対して、施工基準を確認しておく必要があります。建築主が、建築工事中に指摘したのであれば、対応の方法もありますが、竣工引渡し後に、クレームになる場合もあります。竣工後では施工が正しいかどうか確認することができません。

工務店と建築主が現場立会いを行い、コミュニケーションがとれていると、問題点が早期発見できます。建築主が、疑問に思って、

一級建築士と相談して、「全部めくってやり直せ」という主張がされることもあります。そのような主張がされるということは、施工に悪い部分があるということです。基準通りでないところがあるからこそ、突っ込まれるわけです。

> ビスの間隔がまちまちね！

> こんなものは決まっているはずだと思うけど！

　工務店として、このようなリスクを回避するためにも、工事管理者・職方に対し、基準は確実に理解させておく必要があります。争いになってから言い訳しても虚しいものです。争いになると、**基準通りでない施工は、"瑕疵"と判断される場合があり、その場合には施工やり直しとなります**。これは大きな損失になります。場合によっては、会社が倒産することもあります。

❑ **CHECK**

釘・ビスのピッチ確認　ヨシッ！

5-9 変更が伝わっていないのでは？

これも、工事中によくあるクレームです。

着工打ち合わせ会などで、工事管理者が営業から引き継ぎ、現場が動き出します。契約図面から変更がある場合には、工事管理者用図面と現場用図面にも赤書きして、確実に職方に変更を伝えます。この段階までの変更は、比較的末端の職方まで伝わります。

その後に、さらに変更がある場合には、うまく伝わりません。変更するということは、現場で施工する職方にとっては、図面と異なるために、極めて重要な内容です。

変更連絡は、工務店の工事管理者→下請け専門工事業者の責任者→専門工事職方などと、順番に変更内容を伝える"伝言ゲーム"になります。工務店により、作業内容により、さらに中継点が増える場合も多いです。伝言ゲームはうまく伝わらないことが面白いわけですが、仕事で伝わらなければ、大変なことになります。複数の人の内、だれか一人でも間違えると、それで終わりです。

現場で職方がもっている図面を確認すると、変更前の図面を信じて仕事をしていることが多いです。決して珍しいことではありません。したがって、工事管理者は、変更を管理することが重要です。

建築主からの変更要望を了解した以上、変更内容を間違えると、進行した工事をやり直すことになります。費用は当然ですが、出所がありません。自分のミスとして、下請けに対し、いわゆる借金することになります。工務店は、連絡ミスという失敗のための予算は組みません。

現場で工事管理者が、"変更管理"に力を注ぐと、その他の本来の

仕事であるはずの品質管理・工程管理・安全管理などの現場管理面が疎かになる可能性があります。ちなみに、建築用語に変更管理という言葉はありません。変更がないことが前提だからです。

　工務店としては、**着工打合せ後の変更に対する仕組みを、建築主に確実に厳しく説明**しておきます。変更をいつまで認めるのかです。よく「上棟までなら、内容によりますが、多少の変更は可能です」という言葉を使います。つまり上棟を過ぎると、一切の変更を認めないという意味です。変更時期により、コストも割高になります。工事が進むほど、やりにくくなります。現場で施工していない場合でも、材料の段取りは進んでいます。

　変更について、確実に念押ししなければなりません。言葉は優しく、内容は厳しくという意味です。工事管理者としては、建築主に対し、言いにくいことになり、曖昧な表現をすることもあります。一方、建築主からの変更希望を、断りにくいことも事実です。工事管理の責任上、はっきりさせることにより、大きなリスクを防ぐことができます。

　大手ハウスメーカーは、扱う棟数が多く、原則的に工事途中の変更を認めない傾向にあります。変更の連絡ミスがトラブルの原因となることを数多く経験して、知っているからです。担当者によりバラツキもあります。忙しい時期もあります。タイミングが問題となる変更は難しいのです。昔は、変更が施工に間に合うか、すぐに現場に走ることもありましたが、最近では、携帯電話の普及により確認することができます。

　小さな工務店では、対応可能な時期なら、変更を聞くことにより、関係がうまくいく場合も多いです。建築主の希望をできるだけ聞く

方が良いことも事実です。

　一度、段取りした材料は、通常は返品がききませんので、買い取りすることになります。工務店の倉庫には、そのような材料が結構、保管されています。建築主とのトラブルを恐れて、笑顔で変更しますが、他の現場に使えるちょうどよい材料は出ませんので、古くなって埃をかぶっています。最後には廃棄物になる可能性も高いです。変更に対しては、工務店の考え方によりますので、正解があるとは言えません。変更を受け付けた以上は、確実に連絡して、現場での施工実施状況を管理しなければなりません。

> 明日上棟しますから、これで変更はできなくなります！

> そのつもりで確認しましたから大丈夫です。

❏ **CHECK**

現場変更管理の徹底　ヨシッ！

コラム 4

悪魔の証明

　例えば、雨漏りを補修したときに、「今回の補修により、今後は雨漏りしません」という証明を、建築主宛にしなければならない場合があります。

　雨が漏れるという証明は、理屈が簡単です。1ヶ所集中的に散水試験をおこない、漏れたら証明できます。雨水の浸入口を的確に見つけることは難しいですが、漏れたらそこから入っているという証明はできます。

　ところが、雨が漏れないという証明は、事実上不可能です。ここが漏れなくても、他は漏れるかもしれません。水をかけて10分間漏れなくても、30分かけると漏れるかもしれません。30分漏れなくても、1時間かけたら漏れるかもしれません。少し場所を変えたら漏れるかもしれません。少し強く水をかけたら漏れるかもしれません。永遠に証明は不可能です。

　「この建物において、雨が漏れるところはないという証明はできません」。ないという証明は基本的にできないのです。したがって、**「悪魔の証明」**と呼ばれます。

　雨漏りの補修工事を完了して、補修費用の支払いをするのだから、今後は雨が漏れないという証明を要求されるのが現実です。雨漏りしないという保証をしなければなりません。保証期間内に雨漏りが再発したら、無償補修になります。保証をつけなくても、いざ雨漏りが再発すると、辛い立場になります。雨漏りしない工事は、可能ですから、適正な工事管理をしなければなりません。

第6章

入居後の瑕疵に関するクレーム

6-1 建物が傾いているのでは？

　基礎が施工不良であるとクレームがついた場合、指摘された内容が事実であるのかないのかを検証する必要があります。現状把握に時間をかけて、確実に行わなければなりません。その指摘が事実であるなら、当然対応（修正・補修など）が必要になります。基礎を造り替える必要があるかどうかは、充分な検討の上で対応することが重要です。対応については、次の対応とします。

> ▷基礎のクレーム対処方法
> ①建物の構造強度に影響がないと判断した場合、その部分補修を行います。
>   ※保証の追加・迷惑料（慰謝料）などの対応は不要。
> ②建物の構造強度に影響があると判断した場合、補強方法・建築主対応・今後の保証などを含めて検討し、基礎の補強を実施することになります。この場合でも、基礎のやり替えは行いません。
>   ※保証の追加・迷惑料（慰謝料）などの対応が必要となる可能性があります。
> ③このまま放置したら、近い将来において建物に影響が出ると判断した場合、または補強では対応できないと判断した場合、建物はそのままで基礎のやり替えを行います。
>   ※保証・迷惑料（慰謝料）などが必要となる可能性が高いです。

建物が不同沈下しているとのクレームを受け付けた場合は、**沈下原因が明確になるまでは、具体的回答はできません。**

建築主が建物の沈下を申し出された以上、沈下している部分があることは事実でしょう。したがって、沈下している事実を確認する場合は、保証内容に該当するかどうかが問題となります。

安易に「責任をもって解決します」「補修します」などの回答をすると、後になって、原因が会社側の保証範囲外の場合は、別の紛争の原因になり、問題を複雑にしてしまいますので、注意してください。

建物沈下の補修には数百万円の費用が必要です。このような高額の補修費は、建築主・工務店のいずれが負担するにしても、大変大きな出費です。原因を充分調査し、具体的数値でもって、いずれの

責任であるかを確認することが大切です。

　一般的に、建物の不同沈下の原因調査には、6ヶ月以上の期間と、最低2回以上の沈下状況調査を実施しますので、1年間の経過観察が必要となります。

> ・検討事項
> 　保証対象か免責事項かの充分な調査と検討が必要。
> ・免責事項
> 　敷地周辺にわたる地盤など、または周辺環境に起因するもの。近隣の状況の変化に起因するもの。
> 　保証内容には、敷地周辺と明記しています。したがって、建物周辺の状況を重点に調査する必要があります。
> ・保証対象
> 　沈下量が6/1000以上の場合。部分の傾斜ではなく、建物の長辺方向での傾斜と考えます。ただし、6/1000以下であっても、局部沈下の場合は、対応が必要となる場合もあります。
> ・保証期間
> 　建物は10年の保証期間としています。保証期間満了後は、有償の対応となります。

　対応する場合にも、不同沈下が進行している場合には、不同沈下の進行を止めてから、建物の傾きを修正する2段階が必要です。

　大掛かりになりますので、慎重さが求められます。

🍄 まずい沈下対応例

メンテナンス担当者は、建物が沈下しているので調査してほしいとの申し出を受けながら放置し、建築主から厳しいクレームとなって表面化したとき、その場しのぎで「対応する」と、回答してしまいました。

沈下報告を受けて、書類・内容から判断して、明らかに保証対象外であり、有償対応すべきであるとの結論を出しましたが、既に担当者は建築主に対し、沈下修正を行う旨回答してしまっています。紛争寸前まで話がこじれ、結果的には、会社側が相当負担で対応せざるを得なくなりました。このように対応の間違いで、ゼロまたは軽微な負担で済むものが、高額の費用発生につながってしまいます。

（随分傾いているでしょう！／レベル差は許容範囲内ですよ。）

傾きの基準として、次頁の表を参考にしてください。

▷品確法第 70 条（技術的基準）

　国土交通大臣は、指定住宅紛争処理機関による住宅に係る紛争の迅速かつ適正な解決に資するため、住宅紛争処理の参考となるべき技術的基準を定めることができる。

　建設省告示 1653 条（平成 12 年 7 月 19 日）による技術的基準は下記の通りです。

レベル	傾斜の程度	瑕疵の存する可能性
1	3/1000 未満の勾配の傾斜	低い
2	3/1000 以上、6/1000 未満の勾配の傾斜	一定程度存する
3	6/1000 以上の勾配の傾斜	高い

ただし、沈下傾斜の測定区間は水平 3m 程度以上、垂直 2m 程度以上

「随分傾いているでしょう！」

「1/1000 ぐらいですね。建具の隙間もありませんね。」

❏ **CHECK**

不同沈下対応は、社内打合せの徹底　ヨシッ！

6-2 基礎の厚さが足りないのでは？

　裁判・調停などの争いになった場合には、基礎の底盤部を"コア抜き"することにより、確認する場合があります。できあがっている基礎から、コンクリートを切り取ったコアの実物を見ると、切断された鉄筋の位置が明確に確認できます。鉄筋の施工状況を確認するために、竣工した建物の基礎からコアを抜くということは、既に異常です。工務店として、建築主から信用されていません。鉄筋を切断することになり、基礎の耐力も低下します。

> 寸法が足りないんだから基礎をやり直しかないでしょう。

> 基礎が－10mm以内なら、許容範囲内ですよ。

　基礎の底盤厚さが不足しているということは、かぶり厚さも不足していることにつながります。基礎の寸法不足は、建物の耐久性に及ぼす影響も大きく、解決は大変です。基礎の寸法が不足している

ことは、工務店側にとっても、まことに格好の悪い話です。建築主にも失礼なことですから、適正な施工が本来です。

一般の住宅現場では、"捨てコン"を施工しないことが多いです。捨てコンは、施工性を確保するためのものであり、捨てコンの厚さをかぶり厚さなどの品質面の数値に加えてはならないという基準があります。数値に認められないものを、わざわざコストをかけて、施工したくないという考えが、工務店側にはあります。

> 基礎に欠陥がある住宅は、建て直しでしょう。

捨てコンの施工により、かぶり厚さなどの品質が確保されますので、施工する方が望ましいです。品質を確保できるならば、省いてもよいという意味です。基礎のやり直しなど、過去に痛い目にあった工務店は、その後、捨てコン施工を実施することが多いようです。

基礎に不具合があるから、「でき上がった建物の基礎をつくり直

せ」という要求が出ます。争いの場合には長期間経過していますが、建築主は通常の生活を長期間継続しています。建物に不同沈下などの異常が発生していない段階で、つくり直す必要はありません。

誰が見ても、不同沈下などにより、住むことのできない建物であるとするならば、なぜ住み続けるのかが疑問です。

大抵は、「家の住宅ローンがあるから、住まざるを得ないでしょう」という回答になります。安全性のない建物ならば、仮住まいが必要となるはずです。

基礎の寸法の不足はあってはならないことであり、**建物に減価が発生していることは事実**です。だからといって、正常な状態に戻すには、非常に高額な金額が必要になります。住み続けることが可能な建物ならば、建て直すほどではありません。

争い事例（底盤厚さは契約では 200mm でしたが、現場では 175mm でした。また、かぶり厚さは 60mm 必要ですが、現場では 35mm でした）

❏ CHECK

基礎の寸法不足なし　ヨシッ！

6-3 基礎に割れがあるのでは？

　建築主は、基礎の割れには大変敏感に反応し、そして言葉の通り、住宅の最も重要な問題だと思っています。基礎コンクリートにひび割れなどが発生すると、建物が壊れるのではないか、というぐらい心配します。

　適正に対応さえすれば、問題が無くなることも事実なのです。基礎については、建築主は最も重要な問題だと思っているのですから、対応方法にも繊細な注意が必要となってきます。

　ひび割れの発生量・大きさ・深さなどの確認を、現状把握として最初に行います。割れの状況から、構造ひび割れか、乾燥収縮ひび割れかを確認し、その上で対応・対処方法を決定します。

①ヘアークラックの場合は、保証書記載のとおり、保証対象外。
②構造クラックは修正が必要になります。

基礎立ち上がりのひび割れ

軽微な基礎のひび割れで、保証の対象外であっても、基礎ひび割れといった現象だけに、建築主は納得しないケースが多く、最終的には、何らかの対応（仕上補修など）が必要となる場合が多いです。

> 基礎が割れているんだから、これは欠陥住宅ですよ！

> コンクリートの乾燥収縮ですよ。補修方法が決められています。

建築主対応に際しては、次の事項を充分に検討し、対応方法を決めてから建築主に回答します。

- 基礎の表面だけの割れか
- 基礎自体の割れか（発生量・深さ・長さ・貫通の有無）
- 構造への影響度は（基礎割れ箇所に段差が生じていないか）
- 保証対象の有無
- 補修必要性の有無
- 建物上部に影響を与えていないか

基礎の保証期間は 10 年（品確法による）です。

上記 6 項目を検討した後に、建築主にデータ、資料（専門書などの書籍）を示して、理解してもらう必要があります。

通常はひび割れ部に、エポキシ樹脂を注入することで対応します。これで、ひび割れのないコンクリートと同等以上の強度になると認められています。同等以上にならなければ認められません。

対応する場合であっても、安全性が数値で確認できる場合は、基礎のやり替えの必要性はないと考えます。補修対応の範囲内であれば、保証期間の追加・迷惑料（慰謝料）などの対応は不要ですが、引渡しに至るまでの過去の対応の経過や、その他の不具合発生状況次第では、必要となる場合もあります。

住宅現場で通常に使用するコンクリートの乾燥による収縮率は、$6 \times 10^{-4} \sim 8 \times 10^{-4}$ 程度と言われています。これは実験室での値です。実際の住宅建築では、基礎コンクリートに鉄筋が入り拘束するため、この半分位と言われています。つまり **10m の基礎長さに対し、3 〜 4mm 縮む** ことになります。

この伸び縮みがある限度を超えたときに、ひび割れが発生します。もし、10m の基礎の両端をしっかりと固定しておき、ひび割れが 1 本だけ縦方向に入るとすると、幅約 3mm のひび割れとなります。3mm のひび割れはとんでもなく大きいものですが、30 本のひび割れが入るとすると、平均 0.1mm になります。0.1mm ではあまり気付きません。水の浸入も少なく、中性化もあまり問題になりません。

一方、**ひび割れを阻止するのはかなり難しい**と言えます。その理由は、基礎コンクリートのベース部分は、土の中で乾燥しません。一方、基礎コンクリートの立ち上がり部分は、空中に露出するため、

乾燥が早いからです。コンクリートに含まれる水分は、5年程かけて徐々に乾燥し、大気中に抜けていきます。その速さはコンクリート部材の厚さ・薄さ、表面仕上げの有無によっても異なります。この差によりひび割れるからです。**通常のひび割れは、乾燥収縮によるものであり、構造上の問題のないひび割れ**です。補修可能であり、補修対応すべきものです。コンクリートにひび割れが発生しなかったら、むしろ不思議なことなのです。住宅の基礎ひび割れのトラブルは、ほとんどの場合、コンクリートの乾燥収縮によるもので、当然の現象であることが多いです。基礎でクレームが発生したら、竣工引渡しまで問題が発生することが多いです。

> ウワッ！
> 基礎が完全に
> 壊れてるよ！

> エポキシ樹脂を注入して
> 構造上問題ないように
> 補強します。

❏ **CHECK**

基礎コンクリートのひび割れ説明　ヨシッ！

6-4 新築なのになぜ不具合があるのか？

　不具合が発生すると多くの建築主は「新築住宅を注文したのであって、中古住宅を購入したのではない」と言います。住宅は不動産であって、動産とは違うという特性を知っていただく対応をします。

　「車なら傷ついていれば、取り替えてくれる。家も造り替えてほしい」と、このように**全く違う例えを出して多くの建築主が主張**します。比べる内容が全く違うのですから、例え補修工事をしたとしても、自信をもって新築住宅であると言い切ってください。

　車は品質管理のいきとどいた工場でつくりますが、住宅は屋外で職方によってつくられます。**屋外単品受注生産**という特殊性があります。つくる環境が全く異なっているのです。

　車に悪い箇所があれば、工場内で修理し、直してから建築主へ届けられます。しかし**住宅は不具合があれば、現場で補修する以外にありません**。だから建築主は、補修している状況を見るから新築ではないと言います。しかし、**建物は補修した後の完成した姿で、建築主に引き渡すのですから新車と同じ**なのです。

　住宅現場では、諸般の事情により、不具合が多数発生することがあります。例えば、仕事量が能力以上に増えるときがあります。

　すべての現場で工期が遅延していきます。職方が不足して、やむを得ず新規に採用しますが、その職方の能力や人間性は未知数です。他も忙しいはずであり、この時期に暇な職方はレベルが低いことが多いです。とにかく今を乗り切るために採用しますが、多くの場合に、工事関係者も建築主も苦しむことになります。通常の常識外の、品質の低い仕事になり、工期も遅延し、コストも上昇します。当然、

責任は工務店側にありますので、補修工事に頑張る結果となります。

筆者も補修現場に日参し、竣工後に大工だけで、20人工以上入れた異常な現場がありました。技術者として情けないという思いと、建築主に対する申し訳ない気持ちなど、複雑なものです。

完全に竣工していないということで、争いになる場合があります。

現場立会いをすると、多くの不具合点に付箋がつけられています。

契約段階で、工期を決定する際に、自社の施工能力と仕事量を慎重に検討することです。**契約工期が遅延すると、品質低下に直結することが多いです。**工程内検査でダメ工事を完了後に、次の工程に進み、完全竣工したいものです。

❏ **CHECK**

ダメ工事を残さない工程内検査　ヨシッ！

6-5 白蟻が出た

　入居後に、白蟻が発生しているとのクレームや連絡を受け付けた場合は、**白蟻の徹底した調査が必要**となります。建具・サッシなどといったような不具合であれば、不具合部分だけを補修すれば、多くはその対応でよいのですが、白蟻の場合は違います。

　クレームを早く終わらせたいというのは、メンテナンス担当者の心情です。したがって、問題箇所だけを調査して対処しようとします。しかし、**白蟻が発生した部分だけの対応を行うと、将来再発した場合、既に対処不可能な状況（建替えにつながるほどの）まで進行していることがあります**。白蟻業者を巻き込んで現場対応します。

①白蟻予防の第一は、雨漏りを発生させないことです。結露や水漏れも水の供給という点で同じです（白蟻には必ず水が必要）。
②近所で、白蟻が発生したと聞いたら、すぐ建物の点検を行う必要があります。近所に樹木・廃材などが堆積されている場合も同様です。
③白蟻が発生したら、徹底した対応を行います。処置後も毎年確認が必要です。
④白蟻の薬剤は、有効期間が通常5年です。
⑤白蟻が発生したら、完治するまで徹底して対処してください。簡易処置で済ましたり放置したりすると、被害はたちまち全体に広がり、被害に気づいた時点で既に手遅れです。

白蟻業者の保証内容は、保険に入っているものですが、再度建替えできるだけの保証内容ではありません。

基礎にできた蟻道　　　　　木部の蟻害

> ウワッ！何コレ！気持ち悪い！

> 白蟻の巣がここまで大きくなっているということは、被害甚大だぞ！

雨漏りが原因で白蟻が出た事例

❏ **CHECK**

白蟻発生対応は徹底的に　ヨシッ！

6-6 シックハウス症候群になった

　シックハウスは対応の難しい問題です。建築主（家族）から、従前の建物では健康な生活ができていたのに、新築してから「臭いがする」「気分が悪くなる」「体調が悪くなったのは建物が原因ではないか」「建物から有害物質が発生しているのではないか。一度調べてほしい」といった形で、問題が具体化しはじめます。

　現在では、建物に使用している建材や施工材料から**ホルムアルデヒドと呼ばれる揮発性有機化合物**が発生することは、まずありません。ホルムアルデヒド（その水溶液がホルマリンです）含有建材では、工務店は購入しません。"F☆☆☆☆"と記載された「フォースター」と呼ばれる材料を使用します。ホルムアルデヒドはゼロにはなりませんが、工務店としては、一応の配慮をしたことになります。通常の現場では、これ以上の配慮はできません。

　建築に使用される化学物質は、キシレン・トルエンなど、極めて多数ありますが、規制されているものはわずか13物質だけです。つまり、人体の健康に対する、化学物質による悪影響は、ほとんど解明されていないと言えます。さらに新しい化学物質は日々つくられていますので、規制が追いつきません。

　ホルムアルデヒドだけが特に問題視されています。日本のホルムアルデヒド規制は、WHO（世界保健機関）の規制を採用していますので、0.08ppmになっています。ppmという単位は1/100万です。％は1/100でイメージしやすいですが、0.08％の1万分の1になりますので、ほとんどゼロですが、これでも人により反応します。

　人体に対する影響ですが、水や食物は肝臓という浄化装置を経由

しますが、呼吸する室内空気は直接肺に入り、1日に呼吸する空気量は20kgを超えますから、影響が大きいのです。

建築主から調査を求められ、VOC（揮発性有機化合物）調査を行ったとしても、まず基準値以下の数値になっています。しかし、建築主が一旦、建物が原因であると思いこむと、いくら数値を示して、建物が原因でないことを説明しても、なかなか理解が得られません。

そして建築主は、次第に過敏に反応しはじめます。医者に行って症状を説明すると、**医者は簡単に"シックハウス症候群"と診断書を発行します**（医者も、原因がわからないので、新築した住宅が原因と判断します）。

建築主は「数値は基準値以下と言うけど、基準値以下ならよいのか？　現実に有害物質が発生しているのは事実でしょう」と次第に

強く対応を求めてきます。会社側としても、建築主から体調が悪いと言われると反論できません。何らかの解決を図りたいとしても、具体的対策が見えず、考えられる様々な対処をしても、理解が得られないのが大半ではないかと思います。建物が原因ではなく、家具やカーテンなども原因となる場合もあります。工務店は、建築主の家具が原因ではないか、建築主が外部でシックハウス症候群になったのではないかと主張しても、それを立証することは難しいです。

住宅を造るものにとっては、シックハウスの問題は、時間がかかるとともに、解決が難しいものです。シックハウス症候群対策は、会社側が建築主のために解決の努力をしている姿勢を示し、建築主に理解していただく以外に、解決はないと思います。

さらにひどくなった場合が、**"化学物質過敏症"**と呼ばれるものです。多くの化学物質に体が反応します。タバコ・整髪料・クリーニング・車の排気ガス・本のインクなどにも反応し、通常の生活はできにくくなります。

工務店側では事実上対処不能で、特別な専門医に移管することになります。大手ハウスメーカーの例ですが、建物竣工後に、建築主から指摘され、内装材をすべて自然素材にやり直した例があります。建築主に化学物質過敏症の疑いがある場合には、自社で建築対応可能かを、慎重に検討する必要があります。対応可能な工務店は極めて少ないはずです。

なお、化学物質を冬場に測定して問題がない範囲であっても、夏場に測定するとオーバーすることも通常にあります。

🏆 参考1：シックハウスとは（厚生労働省の定義）

「住宅の高気密化や化学物質を放散する建材・内装材の使用などにより、新築・改築後の住宅やビルにおいて、化学物質による室内空気汚染などが発生し、居住者の様々な体調不良が生じている状態が数多く報告されている。症状が多様で、症状発生の仕組みをはじめ、未解明な部分が多く、また様々な複合要因が考えられることから、シックハウス症候群と呼ばれる。」

🏆 参考2：対応の難しさ

このクレームは、シックハウス症候群になったと主張する建築主の言葉でしかわかりません。その症状が具体的に目に見えるものではないだけに、対応方法がわかりにくく、下記のような問題点があり、解決が難しい問題です。

- 建築主がシックハウス症候群になったと言えば、医者は安易にシックハウスの診断書を発行する。
- 揮発性有機化合物（VOC）に関する反応に個人差がある。
- 基準値以下の低い数値でも発症する場合がある。
- 建物が原因でシックハウスになったのか特定できない。
- 家具で発症する可能性も高く、外出先で発症する場合も多い。
- 原因が特定できないだけに、解決する対処方法が見えない。
- 建物に何らかの対処を行っても、すぐに解決につながらない。
- 「直った」という本人からの言葉でしか解決とならない。

🏆 参考3：対応の方法

- シックハウスにかかった時期を確認する。

- 換気を良くし経過確認を行う(最も適切な対応方法)。
- 建物のVOC発生量を調査する。
- 建物のみで確認する必要がある。家財からのVOC発生量も相当のものがあり、計測する場合は建物と家財とを区別する必要がある。

🏆 建物のVOC発生量が基準値を超えた場合の対応

考えられる対応を挙げますが、どれが有効かは見えません。複合的対応も必要となります。

①発生量の高い材料の取り替え。
②換気対策(換気扇取り付け・強制換気など)
③ホルムアルデヒド吸着材の塗布対応。
④壁などに珪藻土を取り付ける。

🏆 参考4:厚生労働省ガイドライン指針値

ホルムアルデヒド	0.08ppm	アセトアルデヒド	0.03ppm
トルエン	0.07ppm	キシレン	0.20ppm
エチルベンゼン	0.88ppm	スチレン	0.05ppm
パラジクロロベンゼン	0.04ppm	クロルピリホス	0.07ppb

❑ **CHECK**

シックハウス症候群は専門家対応　ヨシッ!

6-7 建物が揺れるように感じる

　最近3階建ての住宅が増加してきたことに関連して、建物が揺れるといったクレームが発生するようになってきました。上階にいくほど、建物の揺れは大きくなります。近隣道路の通過車両や、風圧によるものです。揺れるというような問題は、設計段階で配慮されていない限り、建物完成後の対応方法はありません。

> 夜寝ていると、何か家が揺れている感じなのよ！

> 難しい対応ですが、社内で検討します。

　入居者から揺れるといったクレームを受け付けても、揺れを数字で計り示したところで、説明で理解していただければいいですが、多くは何らかの対応を求めてきます。
　揺れといった、建築主の感性によるクレームだけに、具体的対策はありません。しかし何らかの行動を起こすことも必要になります。

何らかの対応をし、揺れが小さくなったと感じていただければ、解決に向かいます。

感性の問題に根本的解決方法はありません。

振動といった問題の場合は、ケースによって対応が異なります。

- 1階の床の場合：床束を増やす。
- 2階の床の場合：1階天井部分から2階床の剛性を増すための補強材を入れる。

上記のように床の振動周期を変えれば、多少は効果があります。対応の努力をしているという姿を見せます。しかしながら、建築主が、鉄筋コンクリート造のマンション住まいから、木造や鉄骨造の戸建て建物に引っ越した場合には、比べる対象が異なるだけに、理解が得にくい傾向の問題ではあります。

前面道路の補修がされたとたんに、揺れが無くなったこともありました。

□ **CHECK**

建物揺れは設計対応　ヨシッ！

6-8 排水接続の外れ・湧水がある

　入居者は、床下を点検することは少なく、気付きませんでしたが、メンテナンス担当者が、定期点検の訪問時に、床下をあけて驚きました。床下の全面が水浸しになっていました。偶然発見できたことは良かったのです。このまま放置したら、大変なことになっていました。

> 奥さん、床下に水が溜まっていますよ！

> エッ！何で水が溜まってるのよ！

　原因として、給水給湯管の漏れ、排水の漏れ、地下水の浸出などが候補に挙がりますので、至急調査開始です。

　よくあるのが、**洗濯機の排水接続不良**です。洗濯機は入居者が設置して初めて使用するもので、竣工引渡し時には、せいぜい少し水を流して OK とすることが多いので、気付かないのです。この場合

には入居後すぐにクレームがつきますから、わかりやすいです。平謝りになります。

本件の場合には、山の水が浸出したもので、土地そのものの問題です。基礎工事中にもかなりの水が出ていたはずです。この水を止めることは難しく、浸出してくる水を、滞留する前に排出する方法を検討するしかありません。ポンプの採用などが必要となります。

山の水が入って水溜まりになった床下

ユニットバスの下部に常時水が溜まっている現場です。排水管接続不良と結露水が原因でした。

> ユニットバスの下に、いつも水溜まりができるんです。

> これはひどいですね！調べてみます。

ユニットバスの下の水溜まり

❏ **CHECK**

排水接続確認　ヨシッ！

6-9 クロスにひび割れがある

　クロス関連のクレーム事例は非常に多いです。建物が歪んできたのではないかと、建築主は心配します。

　建物には、様々な材料が使用され、温度収縮、乾燥収縮、地震・台風による横揺れ、前面道路の自動車による振動などが生じます。つまり、建物は常時、微妙に揺れていることになります。

　その影響は、建物の弱い部分であるクロス仕上げなどに現れます。クロスの下地である石膏ボードのジョイント部分のひび割れ、入り隅コーナー部のシワなどに現れますが、住宅に見られる通常の現象です。クロスにまったく現象が現れない現場は極めて少ないです。クロスコークによる補修対応で、問題はありません。

現場を確認すると、特に窓枠・ドア枠などの開口部周辺に多くひび割れが発生しています。壁には比較的剛性がありますが、窓などの開口部を設けると、壁よりは強度が低下して、剛性は落ちます。つまり開口枠の4隅の石膏ボードジョイント部分にひび割れは入りやすいのです。

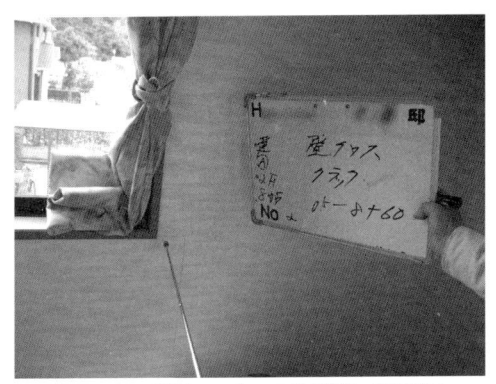

争いのある現場で、クロスひび割れを調査中

　小屋裏3階部分の勾配天井などには、大きなひび割れが見られます。これは断熱性能の関係で、屋根裏が暑くなることでわかるように、緩衝地帯となる屋根裏空間のない小屋裏3階部分では温度がかなり高温になることや、トップライト（天窓）からの直射日光が入るなどの影響で、ひび割れが生じやすいからです。また建物に生じる微妙な揺れも、3階は1階・2階と比較して最も大きくなるので、クロスのひび割れ発生の可能性は高くなります。

　内部クロスのひび割れは、通常の住宅に発生するものです。住宅では通常、クロスの保証期間は2年とされています。10年以上経過した建物では、建物に微妙な動きがある以上、経年による劣化が進

行することは当然です。

　賃貸住宅では、入居者が交代する度にクロスを張りかえることが多いです。例えば、障子紙は1年ごと、襖紙は数年ごと、クロスも10年程度で張りかえることを想定しています。10年間にわたってメンテナンスされないと、当然に問題が発生します。クロスは長期間にわたって、問題が発生しない材料ではありません。

　クロスの場合、通常は数年でそのクロスの品番は廃番になります。クロスを張り替える場合には、広範囲となりますので、工務店責任で実施する場合には、痛いです。

> 壁の隅が見苦しくなってきたわよ！手抜きしたんじゃないの！

> 建物のわずかな動きによる通常の現象で心配ありません。

❏ **CHECK**

クロスひび割れの説明　ヨシッ！

6-10 外壁シーリングが割れている

　建物の外壁サイディングのシーリングには、劣化の激しい場合があります。紫外線と雨水などによる通常の劣化現象です。下の終日直達日射量のグラフから判断できますが、紫外線の量を考えると、北面のシーリングは長持ちし、南面のシーリングは劣化が多いことになります。水平面つまり屋根面で圧倒的に劣化が激しいことになります。

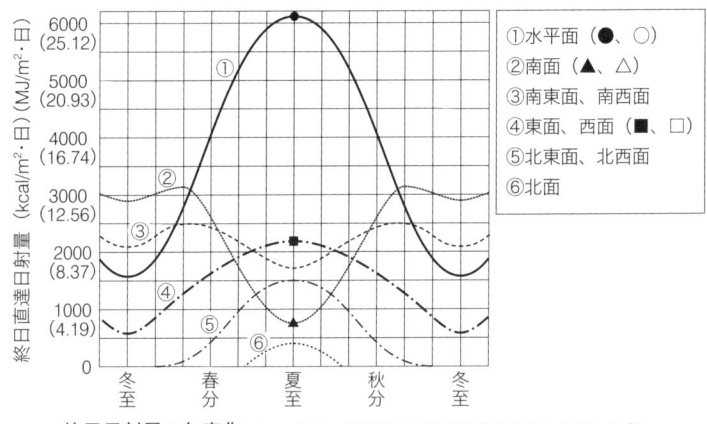

終日日射量の年変化（2007年度一級建築士試験問題学科Ⅰ等を参考に作成）

①水平面（●、○）
②南面（▲、△）
③南東面、南西面
④東面、西面（■、□）
⑤北東面、北西面
⑥北面

　10年以上経過した建物で、外壁シーリングのメンテナンスが実施されていなければ、当然に発生する現象です。通常の住宅では、10年経過直前に、有償メンテナンスの一環として、シーリングの打ち代えを実施します。シーリングの寿命は10年程度とされています。通常の住宅では、10年経過すると、外壁シーリングを撤去して、新たにシーリングを施工することが必須条件となります。その際、足

場を設置する必要がありますので、外壁塗装と屋根塗装を同時に行うことが通常です。これらの工事は工務店の責任で、無償で行うことなく、有償工事として行うものです。**いかなる建物にも、定期的かつ継続的なメンテナンスが必要**です。そのメンテナンス費用は、工務店ではなく、建築主が負担するべきものです。

まず、10年目に再塗装を実施し、それを20年目にも再塗装を実施し、30年目に、屋根材や外壁材を取り替える大規模修繕を行うという**"30年周期説"が標準的**とされています。材料メーカー・工務店側の論理であり、理想ですが、建築主側からすると、現実はもう少し延長したいところです。

外壁シーリングの劣化

定期的かつ継続的なメンテナンスを実施して建物の延命を図るのが本来で、10年以上にわたって外壁サイディングのシーリングに全くメンテナンスがなされていないことは異常です。

建築主は"メンテナンスフリー"という言葉を好みます。「メンテナンス不要」という意味ですが、**建築材料でメンテナンス不要なも**

のは原則ありません。争いになる現場では、証拠保存の意味からか、メンテナンスされておらず、争いは長期間に及ぶことが多く、放置され続けて、劣化が進行していきます。

建物が存在する限り、施工を担当した工務店が、メンテナンスも含めて、担当していかなければならないという覚悟が必要です。メンテナンスは、有償であるという事前説明が必要なのです。

建物のメンテナンスを将来にわたって任せることになるのですが、その割に、建築主は工務店を大切にしていないと感じます。工務店が面倒を見なくなるから、これだけ多くのリフォーム業者が存在することになるのです。

家を建てたとき、営業の人がメンテナンスフリーと言ってたわよ！

説明不足でした。10年に一度くらいはメンテナンスする必要があります。

❏ **CHECK**

シーリング劣化の説明　ヨシッ！

6-11 給水給湯管が保温されていない

　争いのある現場で、建築主が指摘したことです。地域により、給水管にも凍結防止のために保温材を巻くのですが、現場確認すると、下の写真の通り、水道業者としてまことにお粗末な施工でした。正常な給湯管の保温性能が期待できない状態です。

> お宅の会社では、床下の見えないところでこういう仕事をするんですか！

> 申し訳ありません。すぐに対応します。

　この場合は、床下の施工可能箇所で、保温材を巻きなおすことが必要ですが、そもそも、このような仕事しかできない水道業者ならば、今後は仕事の発注をするべきではありません。人の問題によるミスはつきものですが、これは単なるミスではなく、誠実な施工とは言えません。見えない部位でこのような施工をすることで、他もすべて悪く見えてしまいます。まさに信用失墜行為と言えます。

建築主は、一度位は床下や小屋裏にもぐります。工事現場では見えにくいところであり、仕事のアラが見える可能性があります。また、職方の人間性がわかります。床下にゴミが満杯に入っていたこともあります。小屋裏からコーヒーの空き缶がでてきたこともあります。技術屋として情けない思いがします。

　建築主によっては、工務店が信用できないからといって、「壁の中など見えないところを無償点検せよ」という要求が出ることもあります。工務店として恥を書かないように、**建物引渡し前に、床下・小屋裏を点検しておく必要があります。職方への教育は継続実施が必要で、放置すると教育は劣化していきます。**

> 何で床下に潜らないといけないのよ！

❏ **CHECK**

床下・小屋裏点検後に　ヨシッ！

6-12 木材が反ってきた

「木の構造材料にひび割れが入っているが、材料の欠陥だから取り替えてくれ」と要求する建築主がいます。「夜寝ているときに、ビシッと時々大きな音がするが、どこかが壊れているのではないか。調べてくれ」と要求する建築主がいます。

木材は鉄のような均一な工業製品ではなく、自然に大きくなった生き物・農林産物ですから、材料としての特性があります。木材は1本1本、寸法も強度も違い、伸び縮み、ひび割れ、反りがでるものです。

木材を現場で職方が加工し、取り付けますので、現場で木材を使用する以上、**材料誤差と施工誤差は必ず発生**します。

原因の多くは、木材の含水率にあります。含水率の定義を確認しておきましょう。

$$含水率(\%) = \frac{木材の乾燥前の重量 - 全乾材の重量}{全乾材の重量} \times 100$$

　木材の含水率は、30〜200％と言われます。つまり最大値が100％ではありません。生木では150％くらいになります。これを**構造材20％、造作材15％という基準**まで下げて出荷します。木材は乾燥するほど、強度が出ます。

　時間が経過すると、樹種にかかわらず、含水率は"気乾状態"と呼ばれる15％くらいになります。そこまで乾燥は進むことになります。したがって、ボルトナットは当然に緩むことになるのです。無垢材を使用する場合には、乾燥収縮リスクが高くなります。事前に建築主に対し、リスクの説明をする必要があります。

　現場では、構造材のボルトナットを締めた後、最終的に石膏ボードを張って見えなくなる前に、**ボルトの"増し締め"**を行います。これが結構回転します。工事中に木材の乾燥が進んでいるからです。

　現実には、建物を引き渡した後も乾燥は進みますから、ボルトナットは少し緩むことになります。構造的に悪影響を及ぼすほどにはなりません。その証拠に、引き渡した多くの現場で、問題となっていません。ボルトが緩んでいたから、地震で倒壊したという話も聞いたことはありません。

　ボルトナットが緩んでも、ナットの外にネジ山がでているなら、効果はあります。ナットが外れていたら効果はありません。ただし、

争いになる現場では、「ボルトが締められていないので、欠陥住宅である」と主張されることがあります。内装をめくって、「すべてのナットを点検して締め直せ」という無理な要求は、珍しいことではありません。比較的軽微な瑕疵について、著しく過分の費用を要する補修工事を請求することはできません。

　本来なら争いになる前に対処できたはずです。工事前・工事中のコミュニケーションが不足していた結果、争いに発展するのです。

> ムク材は乾燥収縮しますからね。そのうち落ち着きますよ。

> 話には聞いていたけど、ひどくなってくるわね！

❏ CHECK
木材の乾燥収縮の説明　ヨシッ！

6-13 床下の結露がひどい

　建築主が入居後に「床下の結露がひどいので、欠陥住宅ではないか」とのクレームをつけました。床下にカビが生えて、気になりだすと、建物全体がカビ臭いと感じます。床下を点検すると、給水管に結露の跡がありました。建築主は調湿作用のある木炭を床下に大量に設置しています。

　新築住宅の場合、床下には基礎コンクリートの水分が多量に含まれています。コンクリートは固まっているものの、水分は完全に抜け切れていません。コンクリートの水分が完全に抜け切るには数年を要します。つまり数年間は湿気が多いのです。

　木材の含水率もあります。建築当初の構造材の含水率は、20%で

あり、気乾状態と言われる15％まで低下して落ち着くには、期間が必要です。新築建物は、結露が発生しやすい条件をもっています。

日本の冬場の外気は、低温乾燥になります。冬場の床下は、1日の温度変化が少なく、外気よりも暖かく、外気が床下に入っても、低い相対湿度はさらに低くなり、結露は発生しません。高い温度の方が、より多くの湿気を含むことができるので、相対湿度は低下するからです（簡易空気線図参照）。

一方、夏場の外気は、高温多湿になります。夏場の床下は、1日の温度変化が少なく、早朝以外は1日を通じて、外気温度よりも低い温度になっています。**高温多湿の外気が床下に入ることにより、露天温度に達して、高い相対湿度がさらに高くなり、100％になると、結露が発生することになります**（簡易空気線図参照）。

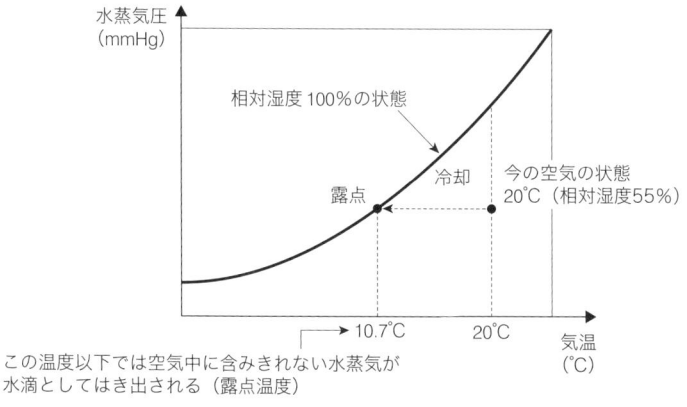

簡易空気線図

室内の温度20℃、相対湿度55％の状態で、窓ガラスが外気の冷気により冷やされ、10.7℃になると露点温度に達し、ガラス面に結露

が始まります。

　床下結露は、梅雨〜夏場のみの現象です。**床下が結露するということは、床下に外気が入ってくるということであり、一応の換気はしていることになりますが、床下の自然換気を幾分か良くしたから**といって、結露の解消は難しいです。地域の風の通り具合や、土地そのものの地下水や湿気の状態などの複合的な要因によるものと思われます。

建築主に「物置を建物に接近させて設置しているが、換気できなくなっているのではないか」と指摘されました。結露のマイナス要因ですが、物置をどけても、すべて解消するわけではありません。

　床下の結露発生を防止するために、"調整機能付き換気扇"を設置する場合があります。その理由は、通常の床下換気扇では、常時換気するため、夏場の昼間には、**高温多湿な外気を、相対的に低温な床下に導入することになり、逆に床下結露を促進する結果**となるからです。

　調整機能付き換気扇を設置すると、湿度センサー＋プログラムタイマーで、1日6時間運転で電気代は100円/月とわずかです。床下用換気扇の耐用年数は、約10年程度です。毎月の電気代が必要となることは、確かに負担ですが、効果は大きいです。

　住宅では、建物が原因で、結露が発生することも多いですが、建

築主の住まい方による結露も多いです。建築主にアドバイスしなければなりません。

「開放型」と呼ばれる灯油ストーブを室内で使用する場合があります。燃焼ガスがすべて室内に出るタイプです。

灯油1リットルを燃焼させると、どれくらいの水（水蒸気）と二酸化炭素がでるかを示すのが、下記の計算です。

> 灯油は混合物で正式な化学式はありませんが、$C_{12}H_{26}$とします。灯油の燃焼は、
>
> $C_{12}H_{26} + 18.5O_2 \rightarrow 12CO_2 + 13H_2O$
>
> 原子量はH：1、C：12、O：16
>
> 灯油＝$C_{12}H_{26}$＝（12×12 ＋ 1×26）＝ 170
>
> 空気中の酸素＝ $18.5O_2$ ＝（18.5×16×2）＝ 592
>
> 二酸化炭素＝ $12CO_2$ ＝{12×（12 ＋ 16×2）}＝ 528
>
> 水＝ $13H_2O$ ＝{13×（1×2 ＋ 16）}＝ 234
>
> 灯油を170グラム燃焼させると、空気中の酸素592グラムと結合します。結果は、二酸化炭素528グラムと、水234グラムができます。灯油1リットルは比重0.79で、790グラムです。上の式を790/170倍すると（約4.65倍）、灯油790グラム（1リットル）を燃焼させると、空気中の酸素2751グラムと結合し、二酸化炭素2454グラムと水1087グラム＝1087cc≒1リットルできます。水は18グラムで水蒸気22.4リットルに相当しますので、水蒸気では1352リットルになります。

要するに、

> 灯油を1リットル燃焼させると、水を1リットルまき散らす。

ことになります。(水蒸気なら 1350 リットル)

室内でこれだけの水が水蒸気として発生すると、結露になります。ひどい場合には、灯油ストーブの上に、やかんを置いて、常時沸騰させていますが、これは最悪の住まい方になりますので、アドバイスします。

> ▷通常の住まい方の注意としての提案
> ・開放型ストーブを使用しない。使用する場合でも、やかんで沸騰させない。
> ・観葉植物を室内におかない。
> ・風呂の浴槽蓋を開けっ放しにしない。
> ・トイレの蓋を開けっ放しにしない。
> ・洗濯物を室内で干さない。

室内で水蒸気を多量に発生させることは、結露につながり、建物の耐久性を大きく低下させます。建物に対し、水分の供給があるということは、大きなリスクになります。従来の日本の建物の寿命が短いのは、結露発生による建物の傷みが大きな原因でした。入居者への適切なアドバイスが必要です。

❏ **CHECK**

入居後の結露確認と、住まい方説明　ヨシッ！

6-14 雨が漏れた

　住宅の建物としての品質を長期間保証することが社会的に要求されるようになってきました。住宅の品質確保の促進等に関する法律（品確法）により、構造と雨漏りの保証期間が 10 年となりました。雨漏りに関しては、10 年間は無償補修しなければなりません。

　雨漏りが発生した場合、建築主にとっては一大事で、即クレームとなります。それまでは建物に満足していたとしても、一気に不満に変わりますので、対応にも慎重さが要求されます。

①設計段階

　同じ平面プランでも、屋根・軒先などの形状を工夫すれば、雨の漏りにくい家にすることは可能です。水を受ける箇所が多く、まるで雨が漏れるように設計しているのではないかと思われる場合もあります。外観デザインを印象付ける設計は、雨漏りの危険性を数倍に押し上げます。複雑になればなるほど、建設コストは上がり、住宅の性能は落ち、耐久性は劣ります。どのように納めるか、現場の職人が迷う建物は、雨漏りに関し、何らかの欠陥が内在しています。

②施工段階

　雨の漏れる可能性の高い部位が設計の中に含まれるなら、その点について集中的に、雨が漏らないような対策を

> 講じます。危ない箇所だけを集中的に対策すれば、いかなる場合でも、現在の技術力・施工力があれば、雨漏りを防ぐことは可能です。

雨漏りについて詳細は、『現場で学ぶ　住まいの雨仕舞い』(学芸出版社)を参照ください。

雨漏りは、雨量、風の向き、強さの三つの条件と継続時間により発生します。**雨漏りは1次防水＋2次防水のセットで考えます。**

まず、雨水が建物に入らない工夫(1次防水)をします。次に、雨水が入ったならば(2次防水)本体を傷めないうちにすみやかに排出します。

> ・1次防水
>   屋根材・板金・シーリングなど、外から見える部分
> ・2次防水
>   捨て板金・下葺き材(屋根：アスファルトルーフィング、外壁：透湿防水シート・アスファルトフェルトなど)、外から見えない部分

1次防水で、雨漏りの大体は防ぎますが、1次防水だけで完全に防ぐことはできません。2次防水(下葺き材)が、雨漏り対策として重要な役割を果たします。

2次防水の上には、雨水が若干流れていますので、**2次防水が完璧な材料と施工であれば、雨漏りは発生しないことになります。**雨漏

り補修工事を行う際、屋根・外壁の一部をめくってみると、2次防水のどこかに不具合が発生している場合が多いです。

　2次防水である、アスファルトルーフィング・アスファルトフェルト・透湿防水シートは、竣工後に劣化の程度を確認するための目視ができず、雨漏りして初めてめくることになります。**2次防水である下葺き材の材質レベルと、施工の丁寧さが要求されます。**特に下葺き材の施工面では、若い職方が親方から急がされて、施工していることが多いです。

　築30年の住宅の屋根の下葺き材の劣化状況です。ボロボロで、めくると野地板が一部腐っていました。これでは雨漏りします。

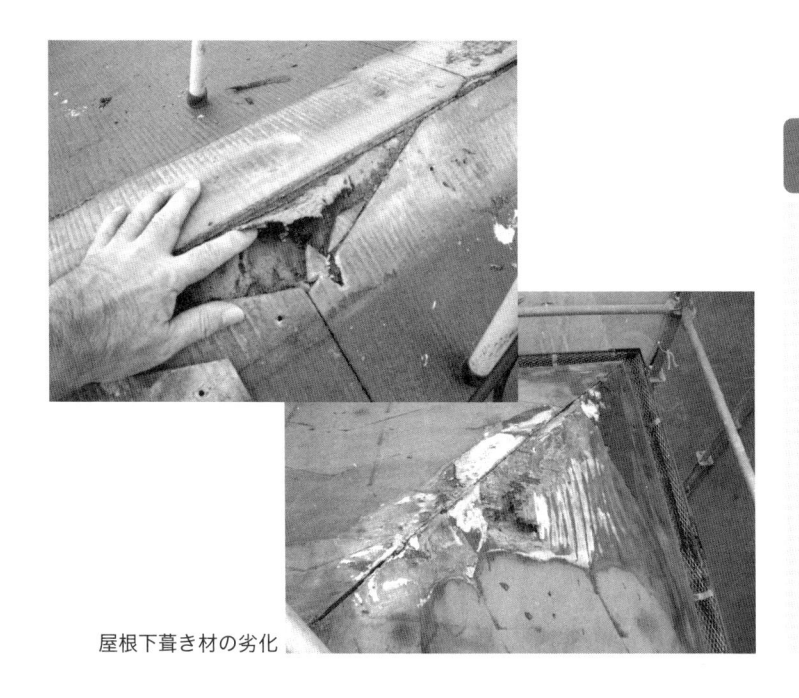

屋根下葺き材の劣化

"外壁通気構法"とは、外壁サイディング工事、または左官工事でも可能ですが、外壁材と建物本体の構造体の間に通気層を設ける方法です。通気層の上下を外気に解放すると空気が通ります。通気層の厚さは18㎜が理想です。

通気層に万一、雨水や結露水が浸入した場合、ここから排出します。空気を通すことにより、湿気の排出など、住宅の耐久性を大幅にアップする優れものです。

　例えば、バルコニー手摺笠木と本体建物の取り合いなどの入隅箇所では、1枚の防水紙で折り曲げるだけではうまく施工できず、カットすることになります。ピンホールができ、入隅の一番水を呼び寄せる箇所に、穴が開いていることになります。ここを三つの面が交わるところとして、通称"3面交点"と呼びます。雨漏りの可能性の高い部位になり、特別な部材を施工して補強します。

　建物には換気が必要ですから、24時間換気をはじめ、各種の換気口が取り付きます。換気を行うために穴を開ける以上、風と雨量の条件により、漏水は必ず発生することになります。しかし、雨が入らないようにするために換気口を塞ぐことは不可です。強い台風のときは、入った若干の雨水を直ちに拭き取るものです。これには入居者の協力が必要です。そのためには事前説明が必要です。コミュニケーションがここでも要求されます。

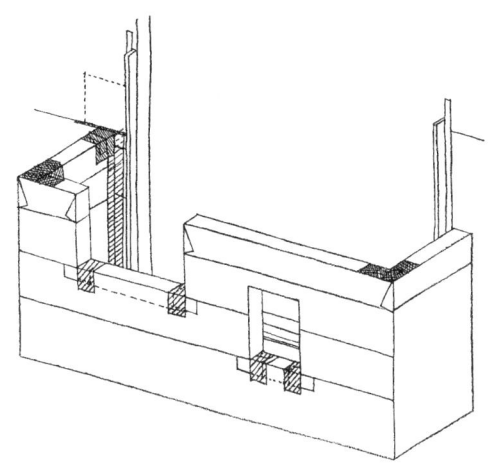

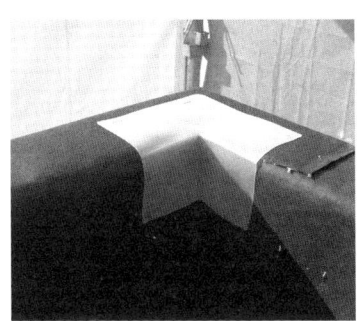

3面交点対策

　なお、雨漏りの補修方法として、シーリングを施工して、雨漏りをとめることがあります。これは一時的応急対策の補修方法です。いずれ雨漏りは再発することになります。雨水の浸入口を確実に見つけて、抜本的に補修することが本来です。浸入口を見つけるには散水試験を実施します。

🌢 散水試験について

　雨が室内に漏れてきたから、クレームになったわけで、雨水の出口は明確です。問題は、雨水の浸入口を的確に見つけることですが、かなり難しいです。雨水の出口は1ヶ所であっても、浸入口は1ヶ所とは限りません。複数箇所あることが多いです。すべての浸入口を見つけないと、補修しても、すぐに雨漏りが再発します。そのために、"散水試験"を実施します。つまり雨漏り現象を再現するわけです。

　散水試験については、これだけ散水すれば充分であるという基準がなく、ケースバイケースになります。例えば、散水時間が30分では出ないが、1時間で出る場合、散水の方向を変えると出る場合、散水の箇所を少しずらすと出る場合などです。根気よく実施します。

散水試験を時間をかけて実施中

　散水試験が生命線になりますから、時間を短縮してはいけません。むしろ、1日余裕をもって、行ってもよいぐらいです。

　なお、雨漏りするという証明はできますが、雨漏りしない建物であるという証明はできません。したがって、できないという証明は"悪魔の証明"と（p.164 コラム参照）言われています。

❏ CHECK

雨漏り対応は、確実な散水試験から　ヨシッ！

おわりに

　戦後から日本の住宅の多くは、30年でスクラップ＆ビルドされてきました。その結果、日本の住宅の寿命は、"30年"という説が定着しました。住宅は本来、メンテナンスを行い、悪い部位を補修して、補修できないところだけを取り替えていけば、半永久的にもたせることが可能です。建物の寿命は、何年もつかではなく、建築主がどれだけもたせるかという意識の問題です。

　前提条件は、建物のメンテナンスですが、そのメンテナンスは、新築工事を担当した工務店が継続して担当すべきものです。新築工事中はもとより、建物が存在する限り、建築主と工務店は、双方が努力して、良好な関係を継続していかなければなりません。工務店は、建築主のホームドクターであることが使命です。

　建築主は家族の幸せを実現するために、生命保険付きの住宅ローンを組んで、新築します。これは、命がけの大事業といえます。ところが、残念なことに、コミュニケーション不足や、ちょっとした行き違いにより、クレームにつながっています。建築主にとっては、自分の家がすべてであり、工務店にとっては、多くの現場の一つであるという、温度差があります。工務店側のわずかな配慮不足が、クレームの原因となっているのです。

　一方、建築主側にも、住宅を建設する以上は、知っておくべき知識や考え方があります。住宅建築のプロである工務店は、建築主に対し、「勝手に勉強してください」では無理があります。プロである工務店が主導しなければなりません。そのために、充分な時間をかけた丁寧な説明が必要です。クレームの多くは、説明不足が原因と

なっています。説明しても建築主に納得してもらえない点は、必要なら特別に対応することも可能です。

　工務店も仕事が忙しいと、営業は少しでも早く楽に契約したい、設計は少しでも早く楽に設計したい、工事は少しでも早く楽に工事を完了し引き渡したい、となりがちです。住宅では効率を求め過ぎると、必ずクレームにつながります。

　建築主も気合が入りすぎて、つい過剰要求になる場合もあります。入居後も比較的軽微な瑕疵について、著しく過分の費用を要する補修工事を請求したりします。場合によっては、解体撤去して建て直せという要求になることもあります。

　争いになると、双方が気まずい思いをし、今後のメンテナンスも事実上放棄することになります。双方が望む結果ではないはずです。

　クレーム産業と呼ばれる住宅業界において、クレームを完全に無くすことは難しいですが、工務店が主導して、クレームを減らす工夫は可能です。またクレームが発生しても、適切な対応方法があります。本書で、そのヒントをつかんでいただければ幸いです。

謝辞

　日本建築協会の出版委員会に所属しておりますが、毎月の定例会議で、原稿の進捗状況を確認しながら、西博康委員長はじめメンバー各位から、貴重な助言をいただき、感謝しております。

　学芸出版社編集部の岩崎健一郎氏には、長らく出版に向けて、多くの提案をいただきました。長い時間が経過しましたが、やっと本書が誕生いたしました。皆様方にこの場を借りて、深く感謝しお礼申し上げます。ありがとうございました。

著者紹介

玉水新吾 (たまみず しんご)

1953年京都市生まれ。名古屋工業大学建築学科卒業後、1976年から大手住宅メーカーにて、技術系の仕事全般を34年経験。現在は独立し、1級建築士事務所「ドクター住まい」主宰、大阪地裁民事調停委員。

HP ：ドクター住まい
　　http://doctor-sumai.com/

資格：1級建築士、1級建築施工管理技士、1級土木施工管理技士、1級造園施工管理技士、1級管工事施工管理技士、宅地建物取引主任者、インテリアプランナー・インテリアコーディネーター、コンクリート技士、第1衛生管理者

著書：『現場で学ぶ住まいの雨仕舞い』『建築主が納得する住まいづくり』『写真マンガでわかる建築現場管理100ポイント』『写真マンガでわかる住宅メンテナンスのツボ』（学芸出版社）、『DVD講座 雨漏りを防ぐ』（日経BP社）

青山秀雄 (あおやま ひでお)

1945年大阪府生まれ。大阪工業大学建築学科卒業後、大手住宅メーカーにて、工事管理・工場製造管理・生産管理・品質保証を担当。品質保証本部（品質保証・建築主サービス室）などを経て、2010年3月退職、10月に青山CSプランニング開設。

HP ：建築クレームの予防と対処
　　http://www.cs-aoyama.sakura.ne.jp/

これまでに1500件以上の住宅クレームに対応してきた。現在も建築主・工務店双方から、住宅の各種クレーム相談に応じている。

● マンガ

阪野真樹子 (ばんの まきこ)

神戸女学院大学卒業、大手住宅メーカー勤務後、イラストレーターとして活躍。

〈プロのノウハウ〉
写真マンガでわかる
工務店のクレーム対応術

2015年 4月 1日　第1版第1刷発行

企　　　画	………	一般社団法人 日本建築協会
		〒540-6591　大阪市中央区大手前1-7-31-7F-B
著　　　者	………	玉水新吾・青山秀雄
		（マンガ：阪野真樹子）
発　行　者	………	前田裕資
発　行　所	………	株式会社 学芸出版社
		〒600-8216　京都市下京区木津屋橋通西洞院東入
		電話 075-343-0811
印　　　刷	………	イチダ写真製版
製　　　本	………	山崎紙工
装　　　丁	………	KOTO Design Inc. 山本剛史

Ⓒ Shingo Tamamizu, Hideo Aoyama 2015　　　　　　　　Printed in Japan
ISBN978-4-7615-2591-0

JCOPY 〈㈳出版者著作権管理機構委託出版物〉
本書の無断複写（電子化を含む）は著作権法上での例外を除き禁じられています。複写される場合は、そのつど事前に、㈳出版者著作権管理機構（電話03-3513-6969、FAX 03-3513-6979、e-mail: info@jcopy.or.jp）の許諾を得てください。
また本書を代行業者等の第三者に依頼してスキャンやデジタル化することは、たとえ個人や家庭内での利用でも著作権法違反です。

好評既刊

〈プロのノウハウ〉
現場で学ぶ 住まいの雨仕舞い

玉水新吾 著　　　　　　　　　　　　　四六判・224頁・定価 本体2000円＋税

建築主の信頼を最も失うトラブルは、雨漏りである。漏らなくて当たり前にもかかわらず、実際には大変多い欠陥の一つであるように、雨仕舞いは常に住宅の課題だ。本書では、ベテラン技術者が木造住宅の豊富なトラブル事例をもとに、雨漏りのしにくいデザイン、危険部位における雨の浸入対策等、雨漏りしない家づくりのノウハウを公開する。

〈プロのノウハウ〉
建築主が納得する住まいづくり Q&Aでわかる技術的ポイント

玉水新吾 著　　　　　　　　　　　　　四六判・224頁・定価 本体1900円＋税

建築主が大満足する家づくりとは。住宅メーカーのベテラン技術者が、現場で経験したクレームやトラブルの事例より、家を建てるときに、建築主に説明して念押ししたほうがよいポイントや、着工までに納得してもらうべき事項をあげ、その対応や配慮を工程にそって解説した。現場マン必読!!　顧客満足度アップ、クレームゼロの方法。

〈プロのノウハウ〉
写真マンガでわかる 建築現場管理100ポイント

玉水新吾 著／阪野真樹子 イラスト　　　　四六判・224頁・定価 本体1900円＋税

整理整頓の励行、手抜きのできない現場の実現によって、職人のマナー向上やコストダウン、クオリティの高い仕事をめざそう。本書では、実際の建築現場に見られる管理の悪い例を写真マンガで指摘。その現場の問題点と改善のポイントを解説し、管理のゆき届いた良い例もビジュアルで明示した。現場管理者必携のチェックブック。

写真マンガでわかる 住宅メンテナンスのツボ

玉水新吾・都甲栄充 著　　　　　　　　　A5判・248頁・定価 本体2800円＋税

ストックの時代を迎え、長期間にわたり住宅メンテナンスを担える人材のニーズは高まる一方だ。本書は、敷地・基礎から、外壁・屋根・小屋裏・内装・床下・設備・外構に至るまで、住宅の部位別に写真マンガでチェックポイントと対処法、ユーザーへのアドバイスの仕方をやさしく解説。住宅診断・メンテナンス担当者必携の1冊。